本书受国家级一流本科专业建设点——重庆工商大学国际经济与贸易专业资助
本书是重庆市教育委员会2015年重庆高校人文社会科学研究项目（项目批准号：15SKG100）的最终研究成果

低碳经济背景下
重庆外贸转型升级路径研究

DITAN JINGJI BEIJING XIA
CHONGQING WAIMAO ZHUANXING SHENGJI LUJING YANJIU

胡伟辉◎著

西南财经大学出版社

中国·成都

图书在版编目(CIP)数据

低碳经济背景下重庆外贸转型升级路径研究/胡伟辉著.—成都:西南财经大学出版社,2024.5
ISBN 978-7-5504-6177-2

Ⅰ.①低… Ⅱ.①胡… Ⅲ.①对外贸易—经济发展—研究—重庆
Ⅳ.①F752.871.9

中国国家版本馆 CIP 数据核字(2024)第 084227 号

低碳经济背景下重庆外贸转型升级路径研究

胡伟辉 著

策划编辑:陈何真璐
责任编辑:陈何真璐
责任校对:石晓东
封面设计:墨创文化
责任印制:朱曼丽

出版发行	西南财经大学出版社(四川省成都市光华村街 55 号)
网　　址	http://cbs.swufe.edu.cn
电子邮件	bookcj@swufe.edu.cn
邮政编码	610074
电　　话	028-87353785
照　　排	四川胜翔数码印务设计有限公司
印　　刷	郫县犀浦印刷厂
成品尺寸	170 mm×240 mm
印　　张	12.25
字　　数	283 千字
版　　次	2024 年 5 月第 1 版
印　　次	2024 年 5 月第 1 次印刷
书　　号	ISBN 978-7-5504-6177-2
定　　价	68.00 元

前　言

　　随着全球气候变化和环境问题日益严重，低碳经济已成为世界各国共同关注的焦点。在这一背景下，我国政府提出要"加快经济发展方式转变、积极推动绿色发展"，其中外贸转型升级是实现这一目标的重要途径。重庆作为西部地区的重要城市，地处长江上游地区，是中国西部地区的交通枢纽和经济中心，也是西部大开发的重要战略支点、"一带一路"与长江经济带联结点，适应世界贸易低碳化要求，充分利用丰富的自然资源和人力资源优势，加快推进外贸发展方式转型升级，实现外贸增长方式向低碳绿色内生型转变，努力建设成为我国内陆开放高地和山清水秀美丽之地，既是学习贯彻习近平生态文明思想的实践探索，也是经济发展的现实需要，具有极其重要的意义。

　　本书基于大量的文献资料，在对低碳经济、外贸转型升级等相关概念及理论进行阐述之后，探讨低碳经济背景下国际贸易的发展趋势，并运用横向、纵向的对比分析，对重庆外贸发展的整体情况及能源使用和碳排放情况进行了详细剖析，深入分析了重庆外贸发展面临的机遇和挑战；并在现有理论研究的基础之上，对低碳经济背景下影响重庆外贸转型升级的主要因素进行了实证分析；最后，借鉴国外低碳经济的发展经验，紧密结合重庆实际，从便于操作的角度提出了低碳经济背景下促进重庆外贸转型升级的具体路径和对策。本书关于重庆市外贸发展的调研及相关实证研究部分由笔者完成于2023年初，数据主要来源于重庆统计年鉴。鉴于数据的可获得性，部分统计数据截止时间为2021年。

　　本书在撰写过程中注意遵循了八个原则：一是客观性原则。所提出的立论、观点和结论尽量建立在科学理论、数据和分析的基础之上，做到材料不杜撰、观点不臆断、用语不偏激。二是系统性原则。通过全面分析低碳经济背景下重庆外贸转型升级的各个方面，包括产业结构、技术创新、市场拓展等，形成一个比较完整、系统的研究体系。三是针对性原则。尽量针对重庆的实际情况进行分析，充分考虑重庆地区的区位、资源、产业等基础、特点和优势，提出较有针对性的政策建议和发展路径。四是可操作性原则。特别是提出的政策建议和发展路径参考尽量突出可操作性，希望能够为政府和企业提供较为实际的参考借鉴。五是创新性原则。在广泛查阅资料、总结前人研究成果的基础上，综合分析提出了一些个人新的思考、观点和建议。六是逻辑性原则。整个著作的总体框架和章节阐述，都遵循严密的逻辑关系，尽量做到观点清晰、论证充分、结构合理。七是可读性原则。笔者在撰写过程中，虽然从专业的角度用了一些数据分析模型，但行文注重文字表达的规范性和通俗易懂性，尽量使读者能够轻松理解和接受研究成果。八是规范性原则。笔者在撰写过程中，对文献资料的引用，尽量做到充分引用相关文献资料，确保研究成果的权威性和可信度，同时注意正确引用和注明出处，遵守学术道德规范。

笔者从事国际贸易专业的教学和研究 20 余年，撰写本书的目的是探讨低碳经济背景下重庆外贸转型升级的路径选择，以期为政策制定者、企业主体和外贸研究爱好者提供有益的参考和借鉴。但囿于撰稿时间、研究资料和研究水平，本书尚有诸多不足，敬请各位专家学者和业界同仁不吝赐教，多多批评指正。

重庆工商大学经济学院　胡伟辉

2023 年 10 月

目　录

第1章 导论

1.1 研究背景和意义

20世纪，随着工业化的快速发展，能源的大量开发带来了全球气温升高、冰川融化及生态系统退化等问题，气候环境问题引起了人们越来越多的关注。在1979年瑞士日内瓦召开的第一次世界气候大会上，科学家提出大气中二氧化碳浓度的增加将导致地球升温的警告，气候变化问题被提上议事日程。进入21世纪，2009年哥本哈根世界气候大会前后，全球主要国家先后做出温室气体减排承诺。美国提出到2020年温室气体排放量在2005年的基础上减少17%，日本则承诺到2020年将在1990年的排放基础上减排25%。中国也在哥本哈根会议前宣布控制温室气体排放的行动目标，决定到2020年单位国内生产总值二氧化碳排放比2005年下降40%～45%。2020年9月22日，中国在第七十五届联合国大会上正式承诺，到2030年之前，我国二氧化碳排放量不再增加，实现碳达峰；到2060年，所有的二氧化碳排放将通过植树、节能减排来抵消，实现碳中和。

随着人们对气候环境问题的普遍关注和共识达成，以低化石能源消耗、二氧化碳排放为主要特征的低碳经济发展迅速，并成为当今世界经济发展的潮流和趋势。降低对化石燃料的依赖、减少温室气体排放、推进低碳生产和消费被认为是缓解全球气候变暖问题的重要手段。促进低碳产业发展，获得新的经济增长点，成为各国竞争的重要领域。为此，各国纷纷提出发展低碳经济的各项政策和措施，如鼓励新能源和清洁能源的开发和利用、提高能源使用效率、对资源产品征收碳税等各种措施，甚至考虑将碳税扩展到全球范围，对进口产品征收碳关税。各国采取的低碳政策和措施在很大程度上会影响一国低碳产业的发展方向和程度，从而影响该国相关产业的竞争力。这种竞争力的变化在很大程度上影响一国的对外贸易（简称"外贸"）。如能在低碳经济中发挥一国优势，占领技术制高点，就将在未来国际贸易中占据有利地位；否则可能在未来碳排放被纳入贸易体系后丧失原有的竞争优势而被边缘化。

中国是最大的发展中国家、全球货物贸易第一大国，同时也是最大的碳排放国。如何顺应历史潮流，在低碳框架下争取主动权，既能成为贸易强国，也能成为低碳大国，是处在经济发展阵痛期的中国必须面对和破解的一大课题。党的十八大以来，习近平总书记提出"创新、协调、绿色、开放、共享"的新发展理念，提出要正确处理经济发展同生态环境保护的关系，坚定不移走生产发展、生活富裕、生态良好的文明发展道路，加快建设资源节约型、环境友好型社会，推动形成绿色发展方式和生活方式，推进美丽中国建设，实现中华民族永续发展。习近平强调："生态环境保护的成败，归根结底取决于经济结构和经济发展方式。经济发展不应是对资源和生态环境的竭泽而渔，生态环境保护也不应是舍弃经济发展的缘木求鱼，而是要坚持在发展中保护、在保护中发展，实现经济社会发展与人口、资源、环境相协调，不断提高资源利用水平，加快构建绿色生产体系，大力增强全社会节约意识、环保意识、生态意识。"[①] "走向生态文明新时代，建设美丽中国，是实现中华民族伟大复兴的中国梦的重要内容。中国将按照尊重自然、顺应自然、保护自然的理念，贯彻节约资源和保护环境的基本国策，更加自觉地推动绿色发展、循环发展、低碳发展，把生态文明建设融入经济建设、政治建设、文化建设、社会建设各方面和全过程，形成节约资源、保护环境的空间格局、产业结构、生产方式、生活方式，为子孙后代留下天蓝、地绿、水清的生产生活环境。"[②] 这为我们指明了前进的方向。

重庆地处长江上游地区和三峡库区腹地，辖域内长江流程 679 千米、居上游各省份之首。保护好三峡库区和长江的生态环境，保护和修复好长江生态，不仅是重庆应尽的责任和义务，也是重庆融入长江经济带、实现

---

① 中共中央文献研究室. 习近平关于社会主义生态文明建设论述摘编［M］. 北京：中央文献出版社，2017.

② 习近平. 习近平致生态文明贵阳国际论坛 2013 年年会的贺信［EB/OL］.（2020－05－20）［2023－11－20］. http://www.guizhou.gov.cn/ztzl/hhxxsrxxgclsxjpxsdsx/sjz/2013n_5642598/hhxh_5642601/202110/t20211011_70822065.html.

绿色发展的内在要求。作为中西部唯一的中央直辖市，重庆被党中央寄予着厚望和重托。2016 年 1 月，习近平总书记视察重庆时指出，重庆是西部大开发的重要战略支点，又处在"一带一路"和长江经济带的联结点上，要求重庆建设内陆开放高地，成为山清水秀美丽之地。2019 年 4 月，习近平总书记再次视察重庆时，要求重庆更加注重从全局谋划一域，以一域服务全局，努力在推进新时代西部大开发中发挥支撑作用、在推进共建"一带一路"中发挥带动作用、在推进长江经济带绿色发展中发挥示范作用。"共抓大保护、不搞大开发"成为长江经济带绿色发展的根本遵循。重庆集"大城市、大农村、大山区、大库区"为一体，是全国六大老工业基地之一，与武汉、南京、上海等中下游城市一样，都面临着传统产业转型升级的任务和压力，同时又有更高的发展诉求。在加快内陆开放高地建设的过程中，重庆探索一条具有内陆特色且行之有效的外贸升级转型道路，促进外贸增长方式向低碳绿色内生型转变，促进经济发展与环境、社会、生态文明等更高维度的协调及融合，实现绿色发展转型升级，不仅对重庆扩大开放和促进增长意义重大，而且对我国中西部地区、特别是长江中下游城市具有较强的复制及推广意义。

1.2 国内外研究现状

1.2.1 对低碳经济的研究

低碳经济在英国学术界讨论得非常早，2003 年英国发表的《我们能源的未来：创建低碳经济》白皮书中提出：2010 年，英国碳排放量要比 1990 年减少 20%；到 2050 年，碳排放量将减少 60%，英国将初步建成低碳经济社会，首次从官方角度提出"低碳经济"的概念。在低碳经济的基本内涵、特征以及发展模式等理论探讨方面，经济学家斯特恩发表《斯特恩报告》指出：全球每年投入 1% 的 GDP，可以避免未来每年 GDP5%～20% 的损失。此外，他还提出减排的三个具体措施：重新给碳定价、提高能源效率、开发低碳技术。研究界普遍认可的一种对低碳经济的定义就是：在经济持续发展的基本理念下，利用不断创新技术、转型产业、开发新能源等方式，降低对高碳能源的持续消耗，尽量减少有害气体的排放，让经济发展与环境保护达成双赢的经济形态。由于低碳经济这一概念产生的时间并不长，当前国内的许多研究者用的还是国际上通用的定义。付允等（2008）重新定义了低碳经济的概念，并阐述了低碳经济低能耗、低排放、低污染和高效率、高效能、高效益的特征，随后在研究国内外典型低碳城市的基础上，提出发展低碳经济的能源、经济、社会和技术等方面的途径①。姚德文（2009）提出，低碳经济是对能源的一次革新，是利用创新技术与制度的方式，应对气候变化采取的减少排放的经济发展措施②。王钰（2013）认为，从经济学角度，低碳经济是指在资源和环境双重约束下，为了减少人类经济活动对气候系统的负面影响，通过技术创新和制度设计等途径，尽量减少矿物质高碳能源的消耗，减少温室气体的排放，实现人类生存、经济、社会和生态环境可持续发展的经济发展方式③。

随着学术界对低碳经济研究的深入，越来越多的学者从不同学科领域对低碳经济发展进行剖析，逐渐丰富和发展了低碳经济的基本理论。宋德勇等（2009）在研究影响碳排放因素的基础上，分析了我国碳排放量的周期性变化的规律④。陈诗一（2009）运用大量的面板数据研究我国绿色GDP增长情况与碳排放的可持续性⑤。袁男优（2010）在深入分析低碳经济的本质特征的基础上，认为低碳经济是社会、经济与环境之间相互作用的系统⑥。方大春等（2011）在深入研究低碳经济的理论基础与经济学意义的基础上，分析和总结了生态经济、循环经济、绿色经济、气候经济之间相互关系，对拓宽低碳经济的理论思路和探寻创新方向具有重要意义⑦。

由于低碳经济涉及的领域较多，不仅与经济发展有关，而且与能源结构、消费行为、金融、外贸、科技等诸多方面有交叉，因此学者们对其研究范围不断扩展。胡志伟等（2010）对发展低碳经济的科技支撑体系进行

---

① 付允，汪云林，李丁. 低碳城市的发展路径研究 [J]. 科学对社会的影响，2008（2）：5-9.

② 姚德文. 低碳经济模式下的产业发展新路径 [J]. 当代论坛，2009（12）：6-7.

③ 王钰. 基于低碳经济的中国产业国际竞争力研究：以制造业为例 [D]. 哈尔滨：哈尔滨商业大学，2013.

④ 宋德勇，卢忠宝. 中国碳排放影响因素分解及其周期性波动研究 [J]. 中国人口·资源与环境，2009（3）：18-24.

⑤ 陈诗一. 能源消耗、二氧化碳排放与中国工业的可持续发展 [J]. 经济研究，2009（4）：41-55.

⑥ 袁男优. 低碳经济的概念内涵 [J]. 城市环境与城市生态，2010（1）：43-46.

⑦ 方大春，张敏新. 低碳经济的理论基础及其经济学价值 [J]. 中国人口·资源与环境，2011（7）：91-95.

深入研究，肯定了低碳技术在发展低碳经济过程中的重要地位[①]。乔海曙等（2011）在研究碳金融理论的最新进展的基础上，分析了碳金融在发展低碳经济过程中的各种作用，证实了碳金融的若干问题是阻碍低碳经济发展一个重要方面[②]。屈小娥等（2013）等从低碳产出、低碳排放、低碳消费、低碳资源和人民生活五个方面计算并评价低碳经济发展水平[③]。程敏（2015）在分析我国出口贸易现状的基础上，基于直接消耗法对我国主要出口的按 SITC 分类的第 3、第 5、第 6 和第 7 类产品 2005 年和 2010 年的碳排放量进行计算，结果显示尽管我国出口商品碳排放强度在下降，但出口商品的二氧化碳排放总量较高，我国出口贸易建立在高碳排放基础之上的特征明显[④]。

1.2.2 贸易的环境效应研究

齐晔等（2008）对 1997—2006 年的中国进出口贸易中隐含碳排放量利用投入产出分析法进行了测算，并指出中国通过国际贸易为发达国家排放了大量的二氧化碳，牺牲了宝贵的环境资源[⑤]。王文治等（2012）也认为，中国的一般贸易本不会造成碳排放量的增加，流入产生的加工贸易才是造成中国碳排放量居高不下的元凶[⑥]。杨立国等（2013）从国际贸易的整体角度出发对其产生的碳排放进行研究，结果发现在短期内中国的对外贸易并不显著增加国内碳排放量，但在长期内国内碳排放量与对外贸易互为因果关系[⑦]。

孙小羽等（2010）对中国外贸的能源消耗问题进行分析，最终发现中国为世界各国承担了大量的能源资源消耗和大量的转移碳排放，并且这些

---

① 胡志伟，刘勇. 低碳经济视角下的省域竞争研究 [J]. 中国工业经济，2010（4）：69-78.

② 乔海曙，谭烨，刘小丽. 中国碳金融理论研究的最新进展 [J]. 金融论坛，2011（2）：35-41.

③ 屈小娥，曹珂. 陕西省低碳经济发展水平评价研究 [J]. 干旱区资源与环境，2013（2）：30-35.

④ 程敏. 低碳经济与我国出口贸易发展方向 [J]. 技术经济与管理研究，2015（3）：75-78.

⑤ 齐晔，李惠民，徐明. 中国进出口贸易中的隐含碳估算 [J]. 中国人口·资源与环境，2008（3）：8-13.

⑥ 王文治，陆建明. 要素禀赋、污染转移与中国制造业的贸易竞争力：对污染天堂与要素禀赋假说的检验 [J]. 中国人口·资源与环境，2012（18）：73-78.

⑦ 杨立国，刘宇娜. FDI 流入、货物贸易出口、GDP 和碳排放：基于中国数据的实证研究 [J]. 河北经贸大学学报，2013（1）：53-57.

巨量的能源消耗和温室气体排放仍存在逐年增加的趋势①。刘红光等（2011）认为，中国对外贸易的高顺差是以牺牲国内资源为代价的，中国出口加工导向型的经济结构和基础原材料工业比例偏高的产业结构特点，是中国碳排放迅速增加的主要因素②。刘倩等（2012）研究了新兴市场国家的碳排放并指出，外贸依存度与中国等发展中国家的碳排放并无直接关系，重点在于把握贸易的质量③。黄静波等（2015）用 Grossman 和 Krueger 构建的国际贸易环境效应模型，分析了中国制造业对外贸易对环境质量的影响，结果发现对外贸易的结构效应有利于环境质量的改善。与此同时，在对外贸易规模不断扩大的情况下，对外贸易的技术效应可能是环境质量没有迅速恶化的主要原因④。张晓莹（2017）研究认为，加工贸易对所有污染物排放都产生正向影响，加工贸易的扩张普遍增强各类污染水平，成为中国对外贸易环境污染的主要来源。在国际生产分割背景下，中国融入国际价值链的比重不断加大，要实现长期可持续发展，调整产业结构，提升中国在国际价值链中的层次是必然之选⑤。

1.2.3 对外贸易转型升级的研究

党和政府对我国外贸转型升级给予了充分的重视，学者们对外贸增长方式的转变也有着广泛的研究。林桂军（2016）指出，我国在对外贸易的各个层面都与发达国家存在较大的差距，其中服务出口竞争力低、外资占出口规模的比重较大、出口结构较为单一、出口产品位于价值链的底层是我国对外贸易转型中亟须解决的问题，不能犯贸易进口保护主义的错误⑥。简新华等（2007）指出我国对外贸易的转型升级就是外贸增长方式的转变

① 孙小羽，减新. 中国出口贸易的能耗效应和环境效应的实证分析 [J]. 数量经济技术经济研究，2009（4）：33-44.
② 刘红光，刘卫东. 贸易对中国产业能源活动碳排放的影响 [J]. 地理研究，2011（4）：590-600.
③ 刘倩，王遥. 新兴市场国家、出口贸易与碳排放关联关系的实证研究 [J]. 中国软科学，2012（4）：97-105.
④ 黄静波，何昌周. 中国制造业对外贸易的环境效应分析 [J]. 中国社会科学院研究生院学报，2015（1）：51-58.
⑤ 张晓莹. 国际生产分割视角下中国对外贸易环境效应研究 [J]. 经济与管理评论，2017（3）：154-160.
⑥ 林桂军. 夯实外贸发展的产业基础向全球价值链高端攀升 [J]. 国际贸易问题，2016（11）：3-11.

升级。他提出，对外贸易总额受经济发展水平和方式的制约，我国对外贸易存在诸多问题急需修正，并指出外贸增长方式是指进出口数量增加和效益提高的途径。由此可以把外贸增长方式划分为两大类：一是数量扩张、外延扩大、粗放增长的方式；二是数量规模合理、内涵扩大、集约增长的方式[①]。

同时，也有学者针对我国对外贸易的微观层面进行剖析，以期找寻顺利转型升级的路径。周长富等（2012）以代工企业的转型升级为视角基于制造业的微观层面研究对外贸易的转型升级，其研究结果表明外贸企业的转型升级与其对国际市场的依赖度呈负相关，企业规模的盲目扩张会阻碍其转型升级，代工厂的转型升级必须抓住核心要素，扩展其价值链的范围，才能保证企业规模扩张的同时实现企业转型升级[②]。赵昌文（2013）指出品牌、创新和管理是企业转型的根本，只有树立良好的品牌形象、建立良性的人才队伍、加大研发投入以及形成科学合理的组织管理才能促进企业有效地转型升级，有关企业转型升级的理论在外贸企业同样具有适用性[③]。王子先等（2014）系统分析了我国在全球价值链分工中的角色和发展历程，得出了我国外贸转型升级的路径，即着力提升我国在全球价值链中的地位和作用，打造出本土跨国公司，推动产业全方位升级[④]。耿伟（2015）指出，我国对外贸易的转型升级就是我国外贸企业的转型升级，企业转型升级就是在企业完成规模扩张的同时实现其高附加值，而企业附加值的增加主要依赖企业技术水平的提高。同时，政府补贴是外贸转型升级的重要一环[⑤]。

祁春凌等（2015）发现曾拉动我国经济飞速增长的对外贸易在国际金融危机和国内经济转型的双重压力下增长乏力，成为我国经济增速减缓的重要影响因素，外贸中低速增长、全要素成本优势消失殆尽、国际贸易摩擦不断等都阻碍我国对外贸易的转型升级。他指出，完善国内产业结构、

---

① 简新华，张皓. 论中国外贸增长方式的转变 [J]. 中国工业经济，2007（8）：190-207.

② 周长富，杜宇玮. 代工企业转型升级的影响因素研究：基于昆山制造业企业的问卷调查 [J]. 世界经济研究，2012（7）：23-28，86-88.

③ 赵昌文. 国际金融危机以来中国企业转型升级的调查研究 [J]. 管理世界，2013（4）：8-15.

④ 王子先，张斌，邓娜. 基于全球价值链的外贸转型战略 [J]. 国际贸易，2014（12）：14-19.

⑤ 耿伟. 外贸企业转型升级的影响因素研究：以天津为例 [J]. 天津师范大学学报（社会科学版），2015（1）：65-70.

大力扶持服务业发展和加大技术创新的支持力度是新常态下我国对外贸易转型升级的重要举措①。姜艳艳（2016）指出我国正处于并将持续处于外贸新常态，我国外贸要实现质和量的突破，必须从最初的"提速增量"转变为"提质增量"，要切实转变思想，形成本国特殊的外贸竞争力和企业竞争力，才能抵消经济新常态对我国外贸的影响，才能实现由"外贸大国"向"外贸强国"的转变②。马汴京（2016）透过对我国跨境电子商务的研究，深入浅出地分析了我国跨境电子商务的特征以及跨境电子商务对我国外贸转型升级的影响机理和路径，最后指出新常态环境下，只有提高海关通关效率、物流效率，加大对第三方支付平台的支持力度，才能提高跨境电子商务对我国对外贸易转型升级的支持力度③。

随着经济发展水平的提高，低碳经济、生态化和可持续发展逐渐成为舆论的热点，我国政府也逐渐意识到不仅要看重经济发展的质量和速度，还要兼顾我国经济发展的可持续性，因此诸多学者对我国外贸发展的可持续指标也进行了比较全面的研究。傅钧文（2010）基于可持续发展视角，通过系统分析新中国成立 60 年来我们的发展轨迹，为我国对外贸易的转型升级指明了发展方向④。李凯杰等（2012）通过引入非结构化的多方程模型，结合向量自回归模型实证分析了我国对外贸易的可持续性，结果表明我国对外贸易的可持续性波动上升，其中我国货物及服务的出口额与对外贸易的可持续性呈负向关系⑤。

此外，也有许多学者对我国对外贸易转型升级保持非常乐观态度。杨继军等（2012）通过"标准结构法"得出我国仍存在大量人口红利，广袤的农村地区仍有大量富足劳动力，外贸企业转型升级过程中面临的用工难和用工贵是个伪命题⑥。罗长远等（2014）针对国外学者将我国外贸发展

① 祁春凌，徐丽. 我国对外贸易新常态的表现与转型发展的路径选择 [J]. 经济纵横，2015
（8）：86-90.

② 姜艳艳. 新常态下中国外贸转型升级路径探析 [J]. 价格月刊，2016（8）：53-56.

③ 马汴京. 新常态下跨境电子商务对我国外贸转型机制的影响 [J]. 当代经济，2016（5）：
13-15.

④ 傅钧文. 建国 60 年中国对外贸易述评：基于可持续贸易发展视角的分析 [J]. 世界经济
研究，2010（7）：3-9.

⑤ 李凯杰，曲如晓. 中国对外贸易可持续发展影响因素的实证分析 [J]. 经济学家，2012
（7）：53-61.

⑥ 杨继军，范从来. 刘易斯拐点、比较优势蝶化与中国外贸发展方式的选择 [J]. 经济学
家，2012（2）：22-29.

作为经济发展"异数"提出异议。他通过对我国对外贸易问题及上海自由贸易试验区的研究得出，我国对外贸易总额并不是太大，我国进出口贸易余额也并非太大；我国外贸发展处于正常水平，我国对外贸易正处于转型期，只要我国在今后的对外贸易中能协调好国内贸易和对外贸易，处理好国际贸易和区域内的贸易，同时能够在发展产业内贸易的同时兼顾产业间贸易，在发展企业内贸易的同时加强企业间贸易，就能够顺利实现我国对外贸易的转型和升级[1]。

1.3 研究内容与研究方法

1.3.1 研究内容

本书对低碳经济背景下重庆对外贸易转型升级问题进行了研究。在对低碳经济、外贸转型升级等相关概念及理论进行阐述之后，对重庆外贸发展的整体情况及能源使用和碳排放情况进行了详细论述；接着深入分析了低碳经济背景下国际贸易的发展趋势，以及低碳经济给重庆外贸发展带来的机遇和挑战；然后介绍了国外低碳经济的发展经验；随后，在已有的理论基础之上，探讨了低碳经济背景下影响重庆外贸转型升级的主要因素，并建立回归模型对重庆外贸转型升级的影响因素进行实证分析；最后提出了低碳经济背景下促进重庆外贸转型升级的具体路径和对策。本书共分为8章：

第1章是导论。本章主要介绍本书的研究背景、意义，回顾本书研究相关的国内外研究现状及评价，确定本书的研究内容与研究方法，指出研究的创新点与不足，为本书的研究提供一个分析框架。

第2章是相关理论基础。本章对低碳经济的概念及外贸转型升级的内涵进行界定和分析，阐述发展低碳经济的理论基础以及对外贸易转型升级的国际贸易理论基础，为后续分析提供理论支撑。

第3章是低碳经济背景下国际贸易的发展趋势。本章论述了在低碳经济的影响下，国际贸易的格局、结构、产业发展等出现的新变化。

---

① 罗长远，智艳. 中国外贸转型升级与"自贸区"建设探析：兼论上海自由贸易试验区的功能与角色 [J]. 复旦学报（社会科学版），2014（1）：139-146.

第 4 章是重庆外贸发展与能源消费及碳排放情况分析。本章从进出口贸易规模、出口商品结构、加工贸易发展情况、外贸经营主体、主要贸易伙伴及服务贸易发展状况等方面论述重庆外贸发展的情况。此外，对重庆能源使用和碳排放情况进行了深入分析，为后面的进一步分析论证打下基础。

第 5 章是低碳经济背景下重庆外贸发展面临的机遇与挑战。本章结合重庆外贸发展现状及能源和碳排放情况，分析低碳经济给重庆外贸发展带来的机遇与挑战。

第 6 章是低碳经济背景下重庆外贸转型升级的影响因素分析。本章提出了影响重庆外贸转型升级的六个主要因素，分别是技术进步、劳动力投入、资本投入、利用外资水平、低碳经济发展水平以及相关及配套产业的发展，从理论上分析了以上因素对重庆外贸转型升级的影响机制；然后，在理论分析的基础之上，结合重庆外贸发展的实际情况，选取可量化的影响因素指标，对这些影响因素对重庆外贸转型升级的影响程度进行了实证分析。

第 7 章是国外低碳经济的发展经验。本章介绍发达国家和地区低碳经济的发展情况、低碳经济的治理模式及政策的实施效果。

第 8 章是重庆外贸转型升级的路径与对策。本章结合前面的相关理论及重庆外贸发展的实际情况，从完善激励约束机制、优化进出口产品结构、促进服务贸易发展等方面提出促进重庆外贸转型升级的具体路径和对策。

1.3.2　研究方法

1.3.2.1　文献资料法

本书通过对图书、期刊的查阅和网络资源检索相结合的方式展开调查，搜集了许多低碳经济与重庆对外贸易方面的数据资料并进行了统计分析。

1.3.2.2　理论分析与实证分析相结合

在理论分析方面，本书研究了低碳经济背景下外贸转型升级的相关理论知识，为后续研究提供理论基础。在实证分析方面，本书对反映重庆外贸发展情况的主要指标及重庆能源使用和碳排放指标进行了分析，并对低碳经济背景下影响重庆外贸转型升级的主要因素进行了实证分析。

1.3.2.3 比较分析法

本书关于重庆市对外贸易发展的基本状况以及能源消耗和碳排放情况的分析，主要是纵向及横向对比分析不同年份重庆的相关数据。

1.4 创新点与不足

1.4.1 创新点

1.4.1.1 分析视角的创新

本书比较全面系统地分析了低碳经济的基础理论以及对外贸易转型升级的相关理论，为低碳经济背景下重庆对外贸易的转型升级提供理论基础；以重庆市的对外贸易作为研究对象，把低碳经济的发展目标与重庆对外贸易转型升级结合起来进行研究，阐明了低碳经济背景下重庆发展绿色贸易的必要性。

1.4.1.2 研究内容及方法的创新

对对外贸转型升级的研究，国内外学者大多停留在外贸转型升级的方向及对策措施上。本书着重分析重庆对外贸易转型升级的影响因素，通过构建多元线性回归模型，在对外贸易转型升级的内涵和影响因素进行定性分析的基础上，采用定量的方法对影响重庆外贸转型升级的六个因素进行实证分析，弥补了以往学者定量研究的不足，具有一定的创新性。

1.4.2 不足之处

本书中关于重庆对外贸易发展情况、碳排放情况需要搜集大量相关数据，有些数据搜集比较困难，一些资料来源于新闻报道，有些数据只能根据公式推算，因此结果与实际情况可能稍有出入。

本书对低碳经济背景下影响重庆对外贸易转型升级的经济变量进行实证分析，计量分析模型是在参考其他学者模型的基础上进行的改进，对变量的选择可能存在不全面的情况，实证分析部分存在一定的不足，有待进一步完善。

第2章 相关理论基础

2.1 低碳经济概述

2.1.1 低碳经济的内涵

2.1.1.1 低碳经济的概念

低碳经济是指在可持续发展理念指导下，通过技术创新、制度创新、产业转型、新能源开发等多种手段，尽可能地减少煤炭、石油等高碳能源消耗，减少温室气体排放，达到经济社会发展与生态环境保护双赢的一种经济发展形态。2003年，英国政府在能源白皮书《我们能源的未来：创建低碳经济》中首次提出"低碳经济"（low-carbon economy, LCE）的概念。低碳经济这一经济形态和发展模式的提出，主要是因为在人类经济发展进程中，始终伴随着一系列的环境问题，其中最迫切的则是由于化石能源过度消耗利用、高碳产品过度生产、高碳行为过度泛滥导致的温室气体过度排放而引发的全球气候变暖的问题。所谓低碳，在英文中为"low-carbon"，是指更低水平的温室气体排放，是针对化石能源利用、高碳产品生产以及高碳行为引起的高碳排放问题，以能源体系优化、产业结构调整和技术创新升级为主要手段，实现以可持续发展为发展目标的经济发展模式。因此，低碳经济是以减少温室气体排放为目标，构筑以低能耗、低污染为基础的经济发展体系，包括低碳能源系统、低碳技术和低碳产业体系。低碳能源系统是指通过发展清洁能源，包括风能、太阳能、核能、地热能和生物质能等替代煤、石油等化石能源以减少二氧化碳排放。低碳技术包括清洁煤技术（IGCC）和二氧化碳捕捉及封存技术（CCS）等等。低碳产业体系包括火电减排、新能源汽车、节能建筑、工业节能与减排、循环经济、资源回收、环保设备、节能材料等等。实施低碳经济的目标是促进低碳经济高速增长，核心是维持全球碳平衡，从源头能源的利用、过程中产品的生产与运输、末端环节的消费等各个环节着手，鼓励实施碳排放，实现经济、社会和生态的均衡发展。

2.1.1.2　低碳经济的特点

发展低碳经济是一场涉及生产模式、生活方式、价值观念和国家权益的全球性革命。低碳发展可以理解为以低碳化为主要特征的可持续发展。

能源、经济乃至发展观价值观的变革，可能为人类迈向生态文明探索出一条新路。近年来，特别是全球金融危机以来，美国和欧盟国家大多将新能源和可再生能源作为扶持重点，相应的产业成为快速增长的产业。

低碳经济的特点：

（1）降低能耗和减少污染物排放，即经济发展过程中要实现"三低"——低能耗、低污染、低排放；

（2）经济增长与能源消费、含碳气体（主要指二氧化碳）排放脱钩，不能保持同步增长，在保持经济增长的同时，提高能源利用效率，减少废气排放；

（3）低碳技术创新是发展低碳经济的直接手段；

（4）开发与利用新型清洁的可再生能源作为重要举措；

（5）围绕创新低碳技术与发展新型清洁能源进行相关制度创新与法律体系建设。

因此，所谓的低碳经济，是与高能耗、高污染、高排放为特征的高碳经济相对应，以低能耗、低污染、低排放为基础的经济模式，是含碳燃料所排放的二氧化碳显著降低的经济。低碳经济实质是保持经济社会发展的同时，实现资源高效利用，实现能源低碳或无碳开发。

2.1.1.3　低碳经济的构成要素

第一，低碳经济发展的核心是低碳能源。低碳能源是指高能效、低能耗、低污染、低碳排放的能源，包括可再生能源、核能和清洁煤。低碳经济发展的核心就是低碳能源。改变现有的能源结构是发展低碳经济的关键，要使现有的"高碳"能源结构逐渐向"低碳"的能源结构转变。

第二，低碳经济发展的动力是低碳技术。国家核心竞争力的一个重要标志是低碳技术，低碳技术广泛涉及石油、化工、电力、交通、建筑、冶金等多个领域，包括煤的清洁高效利用、油气资源和煤层气的高附加值转化、可再生能源和新能源开发、传统技术的节能改造、二氧化碳捕捉和封存等。这些低碳技术一旦物化和作用于低碳经济的生产过程就成为直接生产力，成为低碳经济发展最为重要的物质基础，成为低碳经济发展强大的推动力。

第三，低碳产业是低碳经济发展的载体。在经济发展的不同阶段要有不同的经济发展载体与之相对应，而低碳经济发展的载体是低碳产业。低碳经济发展的水平取决于低碳产业承载能力的大小。低碳产业的发展对现有高碳产业的转型发展具有促进作用，会催生新的产业发展机会。

第四，低碳管理是低碳经济发展的保障。低碳管理主要包括明确的发展目标、健全的法制、创新的体制、科技等诸多方面，所有这些正是低碳经济发展的保障。

2.1.2　碳关税

碳关税（carbon tariff），也称边境调节税（BTAs），它是对在国内没有征收碳税或能源税、存在实质性能源补贴国家的出口商品征收特别的二氧化碳排放关税，主要是发达国家对从发展中国家进口的碳排放密集型产品，如铝、钢铁、水泥和一些化工产品征收的一种进口关税。

世界经济发展越来越快，环境问题也相应产生，由二氧化碳等温室气体排放导致的气候问题成为各国经济发展过程中亟待解决的问题之一。在这种大背景之下，如何减少碳排放量成为大众关注的焦点。总的说来，国际上碳减排方式主要有三种：技术资金转移、碳交易以及碳关税。也就是说，从名义上来讲，碳关税的产生是为了应对气候难题。

最早提出"碳关税"的是法国前总统希拉克，其意图是希望欧盟国家能够对那些未遵守《京都议定书》的国家征收进口税，以避免使国内商品遭受不公平竞争。希拉克提出的仅仅是一个理念，真正把理念落实到行动上的是美国。

美国次贷危机使其经济受到重创。为了恢复经济和巩固美国在国际上的地位，2009 年 6 月，美国众议院通过了《美国清洁能源安全法案》，"碳关税"作为其中的相关条款被提出来。"碳关税"条款的内容大致是：如果美国没有加入相关的国际多边协议，自 2020 年起，美国有权对未采取措施进行温室气体减排国家的钢铁、水泥、玻璃和纸张等进口产品采取"边境调节税"，即"碳关税"。很明显，"碳关税"的矛头其实直指中国等能源效率较低的发展中国家。

2.1.3 发展低碳经济的理论基础

2.1.3.1 可持续发展理论

过去百余年间，伴随全球工业化进程全面铺开，化石燃料消耗量增加，温室气体排放量增大，造成了以全球气候变暖等为标志的环境灾难。长期以来无序开发已严重透支人类的生存环境，发展面临资源瓶颈和环境容量的严重制约。1987年联合国世界与环境发展委员会在发表的《我们共同的未来》报告中，正式提出可持续发展概念，并以此为主题对人类共同关心的环境与发展问题进行了全面论述。根据该报告，可持续发展的含义是"既满足当代人需要，又不对后代人满足其需要的能力构成危害的发展"。

可持续发展是人类对工业文明进程进行反思的结果，是人类为了克服一系列环境、经济和社会问题，特别是针对全球性的环境污染和广泛的生态破坏，以及它们之间关系失衡所做出的理性选择，即优先考虑满足当代人的需要——尤其是满足世界上贫穷人的基本需要，同时充分考虑到不能危害后代人满足其需要。该理论的核心思想是经济发展应当建立在社会公正和环境可持续发展的前提下，包含了当代与后代的需求、国家主权、国际公平、自然资源、生态承载力、环境和发展相结合等重要内容。可持续发展必须遵从一些基本原则：

（1）公平性原则。可持续发展强调发展应该追求两方面的公平：一是本代人的公平即代内平等。可持续发展要满足全体人民的基本需求和给全体人民机会以满足他们要求较好生活的愿望。二是代际的公平即世代平等。要认识到人类赖以生存的自然资源是有限的，本代人不能因为自己的发展与需求而损害人类世世代代满足需求的条件——自然资源与环境，要给世世代代以公平利用自然资源的权利。

（2）持续性原则。持续性原则的核心思想是指人类的经济建设和社会发展不能超越自然资源与生态环境的承载能力。这意味着，可持续发展不仅要求人与人之间的公平，还要顾及人与自然之间的公平。资源和环境是人类生存与发展的基础，离开了资源和环境，就无从谈及人类的生存与发展。可持续发展主张建立在保护地球自然系统基础上的发展，因此发展必须有一定的限制因素。人类发展应以不损害支持地球生命的大气、水、土壤等自然要素为前提。换句话说，人类需要根据持续性原则调整自己的生活方式、确定自己的消耗标准，而不是过度生产和过度消费。发展一旦破坏了人类生存的物质基础，发展本身也就衰退了。

（3）共同性原则。由于世界各国历史、文化和发展水平的差异，可持续发展的具体目标、政策和实施步骤不可能是唯一的。但是，可持续发展作为全球发展的总目标，所体现的公平性原则和持续性原则，则是应该共同遵从的。要实现可持续发展的总目标，就必须采取全球共同的联合行动，认识到地球的整体性和相互依赖性。从根本上说，贯彻可持续发展就是要促进人类之间及人类与自然之间的和谐。如果每个人都能真诚地按"共同性原则"办事，那么人类内部及人与自然之间就能保持互惠共生的关系，从而实现可持续发展。

2.1.3.2 脱钩理论

脱钩（decoupling）理论是经济合作与发展组织（OECD）提出的形容阻断经济增长与资源消耗或环境污染之间联系的基本理论。以"脱钩"这一术语表示二者关系的阻断，即使得经济增长与资源消耗或环境污染脱钩，实现二者脱钩发展。"脱钩"的概念最早在 20 世纪 60 年代就已经被提出来了。20 世纪末，OECD 将脱钩概念引入农业政策研究，资源环境学者又将其拓展到环境等领域，分析经济增长与环境压力或资源消耗之间的关系。根据环境库兹涅茨曲线（EKC）假说，经济的增长一般带来环境压力和资源消耗的增大，但当采取一些有效的政策和新的技术时，可能会以较低的环境压力和资源消耗换来同样甚至更加快速的经济增长，这个过程被称为脱钩。

按照单位 GDP 环境压力降低是否会引起环境压力总量的下降，"脱钩"类型主要可以分为两类：相对脱钩和绝对脱钩。相对脱钩，又称弱脱钩，是指虽然环境压力的增长速度在提升，但是经济持续增长速度超过环境压力的增长速度或者能源消耗增长速度。绝对脱钩，又称强脱钩，是指在经济发展的过程中，资源消耗和环境压力的增长率在减小，经济持续增长速度超过环境压力的增长速度。相对脱钩最先发生，在人为的控制之下将最终转变为绝对脱钩。

目前主要有两种脱钩评价指标，一个是 OECD 提出的脱钩因子，另一个是 Tapio 提出的脱钩弹性指数。

OECD 组织于 2002 年设立脱钩因子，比较终期年与基期年的变化，来判定该时期经济体系是否呈现脱钩关系。脱钩因子（decoupling factor）D_f 的计算公式如下：

$$D_f = 1 - \frac{(\text{EP/DF})_{\text{终期年}}}{(\text{EP/DF})_{\text{基期年}}} \tag{2-1}$$

式（2-1）中，EP 为环境压力（environmental pressure），可以用资源消耗量或废物排放量来表示；DF 为驱动力（driving force），一般用 GDP 来表示[①]。

如表 2-1 所示，如果脱钩因子大于 0，且值接近于 1，则为绝对脱钩；如果脱钩因子大于 0，且值接近于 0，则为相对脱钩；如果脱钩因子为 0 或负值，则为未脱钩。

表 2-1　OECD 脱钩因子

脱钩状态	脱钩因子（D_f）
绝对脱钩	大于 0，且值接近于 1
相对脱钩	大于 0，且值接近于 0
未脱钩	0 或负值

2005 年，Tapio 选取欧洲 30 国交通业的二氧化碳排放量为研究对象，对经济增长与二氧化碳排放量进行指数模拟，提出脱钩弹性指数[②]。

$$E = (\Delta \text{CO}_2/\text{CO}_2) / (\Delta \text{GDP/GDP}) \tag{2-2}$$

式（2-2）中，E 为弹性系数（elasticity）；ΔCO_2 为 CO_2 排放增量；ΔGDP 为 GDP 的增量。根据弹性系数值，Tapio 将脱钩状态分为三大类，分别为脱钩（decoupling）、负脱钩（negative decoupling）和连接（coupling）（见表 2-2）。

脱钩又分为三小类，当 GDP 增长而能耗减少时，为强脱钩（strong decoupling），脱钩弹性指数 $E<0$；当 GDP 和能耗均增长，且脱钩弹性指数 $0<E<0.8$ 时，为弱脱钩（week decoupling）；当 GDP 和能耗均减少，且脱钩弹性指数 $E>1.2$ 时，为衰退性脱钩（recessive decoupling）。

负脱钩也分为三类，当 GDP 下降而能耗却增长时，脱钩弹性指数 E<0，

---

① 陆钟武，王鹤鸣，岳强. 脱钩指数：资源消耗、废物排放与经济增长的定量表达 [J]. 资源科学，2011，33（1）：2-9.

② 孙睿. Tapio 脱钩指数测算方法的改进及其应用 [J]. 技术经济与管理研究，2014（8）：7-11.

为强负脱钩（strong negative decoupling）；当 GDP 和能耗均减少，且脱钩弹性指数 $0< E <0.8$ 时，为弱负脱钩（week negative decoupling）；当 GDP 和能耗均增长，且脱钩弹性指数 $E >1.2$ 时，为扩张负脱钩（expansive negative decoupling）。

连接分为两类，当 GDP 和能耗均增加时，为扩张连接（expansive coupling）；当 GDP 和能耗均下降时，为衰退连接（recessive coupling）。经济增长与碳排放的状态为连接时，脱钩弹性指数为 $0.8< E <1.2$。

表 2-2　Tapio 脱钩弹性指数与类型

脱钩类型		ΔCO_2	ΔGDP	弹性指数 E
脱钩	强脱钩	<0	>0	$E <0$
	弱脱钩	>0	>0	$0< E <0.8$
	衰退性脱钩	<0	<0	$E >1.2$
负脱钩	强负脱钩	>0	<0	$E <0$
	弱负脱钩	<0	<0	$0< E <0.8$
	扩张负脱钩	>0	>0	$E >1.2$
连接	扩张连接	>0	>0	$0.8< E <1.2$
	衰退连接	<0	<0	$0.8< E <1.2$

脱钩理论通过简单的数量关系阐述了经济发展与能源资源环境消耗之间的内在联系，并可以根据面板数据进行横向比较，从而对区域经济发展和碳排放量的趋势进行预测，因此获得了广泛的运用。从脱钩理论看，通过发展低碳经济大幅度提高资源利用率减少环境污染，促进产业结构优化升级，带动对外贸易结构优化升级，能够实现用较少的能源消耗和较少的污染排放，换来较好的经济社会发展。

2.1.3.3　绿色经济理论

"绿色经济"的概念源自英国环境经济学家戴维·皮尔斯于 1989 年出版的《绿色经济蓝皮书》一书。环境经济学家认为经济发展必须是自然环境和人类自身可以承受的，不会因盲目追求生产增长而造成社会分裂和生态危机，不会因为自然资源耗竭而使经济无法持续发展，主张从社会及其生态条件出发，建立一种"可承受的经济"。在绿色经济模式下，环保技术、清洁生产工艺等众多有益于环境的技术被转化为生产力，通过有益于环境或与环境无对抗的经济行为，实现经济的可持续增长。

2011 年，联合国环境规划署发布了《绿色经济报告》，明确将"绿色经济"定义为："可促成提高人类福祉和社会公平，同时显著降低环境风险与生态稀缺的经济。"绿色经济被视为一种低碳、资源高效型和社会包容型经济。绿色经济的本质是以生态、经济协调发展为核心的可持续发展经济，是以维护人类生存环境，合理保护资源、能源以及有益于人体健康为特征的经济发展方式，是一种平衡式经济。

首先，绿色经济模式强调经济、社会和环境的一体化发展。在传统经济发展模式下，大量占有和利用自然资源，不断提高劳动生产率，最大化地促进经济增长是其基本特征。传统经济观念认为自然环境与经济增长和社会发展之间彼此不能兼容，环境问题是经济与社会发展过程中的必然现象，社会发展、经济繁荣必然要以牺牲自然环境为代价，最终导致经济发展的不可持续性。绿色经济模式是以可持续发展观为基础所形成的新型经济发展方式，它以自然生态规律为基础，通过政府主导和市场导向，引导、推动、保障社会产业活动各个环节的绿色化，从根本上减少或消除污染。

其次，绿色经济能够体现出自然环境的价值。传统经济系统坚持封闭性、独立性，认为只要系统本身不断扩大，经济就会得到永无止境的发展，不受其他任何条件的制约，导致全球环境危机不断加剧。绿色经济系统坚持开放性和协调性，将环境资源的保护和合理利用作为其经济系统运行的重要组成部分，在生产、流通和消费各个环节实行绿色先导原则，尽可能地减少对自然环境的影响和破坏，抑或改善环境资源条件，并将自然环境代价与生产收益一并作为产业经济核算的依据，确认和表现出经济发展过程中自然环境的价值。事实上，经济的发展与环境资源的消耗是并行的，在量化经济发展的各项收益指标时，环境消耗价值理应据实计算并从中扣除。

再次，绿色经济的自然资源利用具有公平性。公平性是可持续发展的重要特性，失去公平性就等于失去可持续发展。追求经济利益最大化，不断提高人类的生活质量，是经济和社会发展的基本目标。然而，传统经济模式下的社会经济增长，是以自然资源系统遭受严重破坏和污染为代价而获得的，仅仅满足了当代人或少数区域人的物质利益需求，而忽略了后代人或其他欠发达区域人的生存需要，是将子孙后代或全人类的环境资源用以满足少部分当代人的物质上的奢侈，这是极端不公平的。绿色经济模式通过自然资源的可持续利用，能够最大限度地提高自然环境的利用率和再生能力，理论上可以兼顾当代人和后代人的代际利益平衡和当代人之间的区域利益平衡。

最后，绿色经济可以引导产业结构的优胜劣汰。在经济发展过程中，产业结构是动态的，优胜劣汰是客观规律。正是基于产业结构的更新机制，才能实现产业的可持续发展。发展绿色经济，可以引起工业社会发生巨大的变革：一是在生产领域中，工业社会以最大化地提高社会劳动生产率、促进经济增长为中心的"资源—产品—污染排放"的生产方式转变为以提高自然资源的利用率、消除或减少环境污染为中心的可持续发展生产方式；二是在流通领域内，改革工业社会所奉行的自由贸易原则，实行附加环境保护的义务的自由贸易，控制和禁止污染源的转移；三是转变消费观念，引导和推动绿色消费。这一系列的制度性变革，必然引起工业社会向绿色社会的回归，依据自然生态规律，建立起由不同生态系统所构成的绿色经济系统。

2.1.3.4 循环经济理论

"循环经济"的概念首先由美国经济学家肯尼思·鲍尔丁在20世纪60年代提出，主要指在人、自然资源和科学技术的大系统内，在资源投入、企业生产、产品消费及其废弃的全过程中，把传统的依赖资源消耗的线性增长经济，转变为依靠生态型资源循环来发展的经济。其"宇宙飞船经济理论"可以作为循环经济的早期代表。"循环经济"这一术语在中国出现于20年代90年代中期，学术界在研究过程中已从资源综合利用的角度、环境保护的角度、技术范式的角度、经济形态和增长方式的角度、广义和狭义的角度等不同角度对其做了多种界定。国家发展改革委对循环经济的定义为："循环经济是一种以资源的高效利用和循环利用为核心，以'减量化、再利用、资源化'为原则，以低消耗、低排放、高效率为基本特征，符合可持续发展理念的经济增长模式，是对'大量生产、大量消费、大量废弃'的传统增长模式的根本变革。"循环经济在发展理念上就是要改变重开发、轻节约，片面追求GDP增长；重速度、轻效益；重外延扩张、轻内涵提高的传统的经济发展模式。它是把传统的依赖资源消耗的线性增长的经济，转变为依靠生态型资源循环来发展的经济。

循环经济本质上是一种生态经济。从美国经济学家肯尼思·鲍尔丁在

1966 年发表的《一门科学——生态经济学》中，开创性地提出生态经济的概念和生态经济协调发展的理论后，人们越来越认识到，在生态经济系统中，增长型的经济系统对自然资源需求的无止境性，与稳定型的生态系统对资源供给的局限性之间必然构成一个贯穿始终的矛盾。围绕这个矛盾来推动现代文明的进程，就必然要走更加理性的强调生态系统与经济系统相互适应、相互促进、相互协调的生态经济发展道路。生态经济就是把经济发展与生态环境保护和建设有机结合起来，使二者互相促进的经济活动形式，强调经济建设必须重视生态资本的投入效益。要实现经济发展、资源节约、环境保护、人与自然和谐的相互协调和有机统一。

循环经济是一种生态型的闭环经济，形成合理的封闭循环，它要求人类经济活动按照自然生态系统模式，组织成一个"资源产品—再生资源—再生产品"的物质反复循环流动过程，所有的原料和能源要能在这个不断进行的经济循环中得到最合理的利用，从而将经济活动对自然环境的影响控制在尽可能低的程度。循环经济要求社会的经济活动应以"减量化（reduce）、再使用（reuse）、再循环（recycle）"为基本原则，即"3R 原则"。

1. 资源利用的减量化原则

减量化原则是循环经济的第一原则。它要求在生产过程中通过管理技术的改进，减少进入生产和消费过程的物质和能量。对生产过程而言，企业可以通过技术改造，采用先进的生产工艺，或实施清洁生产减少单位产品生产的原料使用量和污染物的排放量。此外，减量化原则认为产品的包装应该追求简单朴实，而不是豪华浪费，从而达到减少废弃物排放的目的。

2. 产品生产的再使用原则

循环经济的第二个原则是尽可能多次以及尽可能多种方式地使用人们所买的东西。通过再利用，人们可以防止物品过早成为垃圾。在生产中，要求制造产品和包装容器能够以初始的形式被反复利用，尽量延长产品的使用期，而不是非常快地更新换代；鼓励再制造工业的发展，以便拆卸、修理和组装用过的和破碎的东西。在生活中，反对一切一次性用品的泛滥，鼓励人们将可用的或可维修的物品返回市场体系供别人使用或捐献自己不再需要的物品。

3. 废弃物的再循环原则

循环经济的第三个原则是尽可能多地再生利用或循环利用。它要求尽可能地通过对"废物"的再加工处理（再生）使其作为资源，制成使用资源、能源较少的新产品而再次进入市场或生产过程，以减少垃圾的产生。再循环有两种情况：第一种是原级再循环，也称为原级资源化，即将消费者遗弃的废弃物循环用来形成与原来相同的新产品，如利用废纸生产再生纸，利用废钢铁生产钢铁；第二种是次级再循环或称为次级资源化，是将废弃物用来生产与其性质不同的其他产品的原料的再循环过程，如将制糖厂所产生的蔗渣作为造纸厂的生产原料，将糖蜜作为酒厂的生产原料等。原级再循环在减少原材料消耗上达到的效率要比次级再循环高得多，是循环经济追求的理想境界。

循环经济的根本目的是在经济流程中尽可能减少资源投入，并且系统地避免产生或减少废物。废弃物再生利用只是减少废物最终处理量。循环经济"减量化、再使用、再循环"的"3R"原则的重要性不是并列的，它们排列有科学顺序。减量化属于输入端，旨在减少进入生产和消费流程的物质量；再使用属于过程，旨在延长产品和服务的时间；再循环属于输出端，旨在把废弃物再次资源化以减少最终处理量。处理废物的优先顺序是：避免产生—循环利用—最终处置。即首先要在生产源头——输入端就充分考虑节省资源、提高单位生产产品对资源的利用率、预防和减少废物的产生；其次是对于源头不能削减的污染物和经过消费者使用的包装废弃物、旧货等加以回收利用，使它们回到经济循环中；最后，只有当避免产生和回收利用都不能实现时，才允许将最终废弃物进行环境无害化处理。环境与发展协调的最高目标是实现从末端治理到源头控制，从利用废物到减少废物的质的飞跃，要从根本上减少自然资源的消耗，从而也就减少环境负载的污染。

2.2 对外贸易转型升级的内涵及理论基础

2.2.1 对外贸易转型升级的内涵

转型升级这个概念由"转型"和"升级"两个词复合而成。转型是指事物的结构形态、运转模式和人们观念的根本性转变过程。转型是主动求新求变的过程，是一个创新的过程。升级是指从较低的级别升到较高的级别。对于外贸转型升级的概念内涵，目前国内学者还没有一个统一的界定。学者们对外贸转型升级的内涵有不同的见解，赵小琼（2010）认为，外贸转型升级是通过外贸发展方式由以密集边际为主向以扩展边际为主的根本转化，进一步优化外贸结构，最终实现提升外贸竞争力目标的进程[①]。郭周明（2013）认为，外贸转型升级就是实现我国对外贸易从模仿创新驱动向自主创新驱动转型，从粗放型、不可持续增长向兼顾经济发展和环境保护的包容型增长转型，从低成本竞争优势向全要素综合竞争优势转型[②]。张玉森（2014）认为，外贸转型升级是发展方式的改变，也是竞争优势的培育过程。从企业角度说，竞争优势的体现在出口产品的附加值上，出口商品从劳动密集型转向技术密集跟资本密集型；从产业链角度讲，竞争优势是将"微笑曲线"的中端代工向两端研发、营销、品牌等延伸；从市场结构上来讲，除了维系原有传统优势市场外，也要加大对战略新兴市场的培育[③]。王忠豪（2015）认为，转型就是指劳动密集型向技术密集型转变，外贸发展方式由粗放型向集约型转变，升级就是从低的级别上升到比较高的级别，掌握产业结构演变的一般规律，从优化生产要素组合的方面，提高企业管理水平、产品的技术水平，提出协调产业之间发展的策略，并且改变产业效率[④]。张洪胜（2017）认为，外贸转型升级的最终结果体现为从全球价值链低附加值率环节转向高附加值率环节，外贸企业从低生产率转向高生产率，外贸出口产品从低质量转向高质量[⑤]。

我国对外贸易转型升级的内涵，在本质上来说就是提质增效，是外贸发展方式的转变。外贸转型升级是培育对外贸易竞争新优势的过程，需要外贸发展由劳动密集型向技术密集型转变、发展方式由粗放式向集约式转型，优化贸易结构，提高产品的附加值，熟悉掌握产业结构演变的一般规律，合理优化生产要素组合；也需要协调产业之间发展的策略，提高企业

① 赵小琼. 基于协同创新视角的外贸转型升级路径与对策研究：以浙江省为例 [D]. 杭州：浙江工商大学，2010.

② 郭周明. 新形势下我国对外贸易发展面临的困境及其对策 [J]. 当代财经，2013 (5)：99-108.

③ 张玉森. 广东省外贸转型升级综合评价 [D]. 广州：广东外语外贸大学，2014.

④ 王忠豪. 全球价值链视角下我国加工贸易转型升级路径研究 [D]. 重庆：重庆工商大学，2015.

⑤ 张洪胜. 贸易自由化、融资约束与中国外贸转型升级 [D]. 杭州：浙江大学，2017.

管理水平和产品科技含量，提高生产效率。

实现外贸转型升级，要从外贸结构和外贸模式上进行优化调整。

1. 外贸结构

外贸结构优化体现在商品结构、贸易方式结构和产业结构的转型调整上。在商品结构方面，初级产品获得的贸易利润相当有限，工业制成品，特别是高端制造业产品才是衡量一个国家外贸竞争力的标准。在贸易方式结构方面则具体表现为加工贸易和一般贸易的比重变化。加工贸易只是一种代工形式，大部分利益是由外国获得，而本国只能在生产领域获得相当微薄的利润，而且主动权和话语权掌握在别人手中，对外依赖性强，总是受制于人，这不利于我国外贸企业的健康发展。而一般贸易更能让一国获得较多的贸易利益，拥有相对完整的上下游价值链条，更能带动整个外贸行业的发展。产业结构方面则表现为制造业、服务业的比重变化。大力发展现代服务业，促进我国服务贸易发展，是我国目前外贸转型发展的重要方向。

2. 外贸模式

外贸模式的调整主要体现在科技创新能力、产业价值链升级及环境资源和谐等方面。科技创新已经成为我国经济发展的新的驱动力，创新动力表现在政府职能创新、产业协调创新、企业商业模式创新方面。产业价值链升级是进行全程价值链的整合，优化内部价值链，深化产业价值链上下游的协同合作，突出价值链优势环节、弥补弱势环节，尽可能释放整体效能。环境资源和谐则必须要以可持续发展为核心，在外贸发展的同时注重资源与环境的保护，大力发展绿色经济，走可持续发展道路。

时任商务部国际贸易谈判代表兼副部长钟山 2013 年提出，实现外贸新发展，要推进"五个优化"，实现外贸转方式、调结构。一是优化国际市场布局，在巩固欧美日等传统市场同时，提高新兴市场和发展中国家在全国外贸中的比重；二是优化国内区域布局，在巩固东部沿海地区外贸规模的同时，提高中西部地区占比；三是优化外贸经营主体，在坚持外贸多种所有制企业共同发展的同时，提高民营企业、中小企业占比；四是优化贸易结构，在稳定传统优势产品出口的同时，提高高新技术、自主品牌产品在贸易中的占比，扩大服务业进出口规模；五是优化贸易方式，做强一般贸易，提升加工贸易，发展其他贸易方式。

综合来讲，对外贸易的转型升级就是追求对外贸易数量与质量的更好发展，追求更加合理有效的贸易方式与贸易结构，追求盈利方式与盈利水平的提高，获得更多的贸易利益。

2.2.2 对外贸易转型升级的理论基础

2.2.2.1 比较优势理论

大卫·李嘉图在其代表作《政治经济学及赋税原理》中提出了比较成本贸易理论（比较优势理论）。比较优势理论认为，国际贸易的基础并不限于劳动生产率上的绝对差异，只要各国存在劳动生产率的相对差别，就会出现生产成本和产品价格相对区别，即"两优取重，两劣取轻"，从而各国在不同产品上具有比较优势，使国际分工和国际贸易成为可能。比较优势理论说明了国际贸易的一般基础，每个国家集中生产并出口"比较优势"产品，进口"比较劣势"产品。比较优势建立在生产活动的机会成本基础上。如果一国生产某种商品的机会成本低于其他国家，则该国在该生产上有比较优势；如果一国生产某种商品的机会成本高于其他国家，则缺乏比较优势。作为经济学的基本理论之一，比较优势理论的中心命题是：一个国家即便在每一种商品的生产上都不具有绝对优势，它仍然会在某些领域享有相对比较优势；不仅各自具有绝对优势的国家有可能通过交换增加福利，具有比较优势的国家同样可以通过贸易增加福利。

我国在不同时期的比较优势是不同的。在改革开放初期，我国拥有大量廉价的劳动力资源，此时劳动密集型产业具有比较优势。廉价的劳动力要素降低了产品的生产成本，使产品能够以较低廉的价格对外出口销售，价格优势使出口产品在国际市场中拥有一席之地。然而，随着时代的发展，劳动力成本的上升，人口老龄化问题逐步显现，劳动力价格低已渐渐不再是我们的比较优势。此时，我们需要通过不断提高科技创新能力，打造属于自己的高质量品牌，逐步实现新的比较优势。

2.2.2.2 产品生命周期理论

产品生命周期理论是美国哈佛大学教授雷蒙德·弗农 1966 年在其《产品周期中的国际投资与国际贸易》一文中首次提出的。产品生命周期（product life cycle）即一种新产品从开始进入市场到被市场淘汰的整个过程。弗农认为：产品生命是指市场上的营销生命，产品生命和人的生命一样，要经历形成、成长、成熟、衰退的周期。就产品而言，也就是产品要经历开发、引进、成长、成熟、衰退的阶段。而这个周期在不同技术水平的国家里，发生的时间和过程是不一样的，存在较大的差距和时差。它们反映了同一产品在不同国家市场上的竞争地位的差异，从而决定了国际贸易和国际投资的变化。产品生命周期理论侧重从技术创新、技术进步和技术传播的角度来分析国际贸易产生的基础，将国际贸易中的比较利益动态化，研究产品出口优势在不同国家间的传导。

弗农把产品生命周期分为三个阶段，即新产品阶段、成熟产品阶段和标准化产品阶段。

在新产品阶段，创新国利用其拥有的垄断技术优势开发新产品。由于产品尚未完全成型，技术上未加完善，竞争者少，替代产品少，市场竞争不激烈。那些技术水平较高的发达国家资金实力雄厚，且拥有大量的科技人员，为了追求较高的投资回报，它们愿意并且能够集中大批高素质人员投入新产品研发中。因此，在这一阶段，技术创新国具有比较优势，能够成为新产品的出口国。同时，由于新产品拥有比一般产品更高的品质，因而价格较高，所以此时该产品的贸易主要发生在一些发达国家之间。

在成熟产品阶段，生产新产品的技术已经确定下来，创新国技术垄断和市场寡占地位被打破。新进入的厂商不再受限于技术上的创新水平，该产品在国际上的销售竞争大大增强了。生产该产品的国家为了销售产品，要投入大量的资金在产品的营销上面。此时，新产品已经从以技术密集型为主转变成以资本密集型为主的产品。在此阶段主要是发达国家具有生产该产品的比较优势，因而国际贸易的发生是由发达国家生产销售到发展中国家。

在标准化产品阶段，产品的生产技术、生产规模及产品本身已经完全成熟。这个阶段对生产者技能的要求不高，该产品从资本密集型转变成劳动密集型产品。原来新产品企业的垄断技术优势已经消失，拥有丰富劳动力的发展中国家此时具有了比较优势，因而国际贸易的发生是由发展中国家生产销售到发达国家。

从上述产品生命周期的三个阶段来看，产品的第一个阶段投入最多，利润回报率也最高；第二个阶段投入相对较少，利润回报率适中；第三个阶段投入是最少的，同样利润率也是最低的。而中国生产的大多数产品至今仍处于第三个阶段即标准化产品阶段，劳动密集型产品是中国出口的主要产品。

2.2.2.3 竞争优势理论

竞争优势理论是美国哈佛大学商学院教授迈克尔·波特在1990年撰写

的《国家竞争优势》一书中提出的。他将竞争优势定义为企业在向顾客提供有价值的商品或劳务时所创造的独特的并能持久的属性。这种独特的属性可能源自产品或劳务本身，也可能来自其生产方法等①。波特将竞争优势由企业扩大到国家层面，即产生了所谓的国家竞争力。波特竞争优势理论（也称"波特钻石理论"）强调一国兴衰的根本在于在国际竞争中是否赢得优势。这要求一国的所有行业和产品参与国际竞争，并且要形成国家整体的竞争优势。而国家竞争优势的取得，关键在于以下四个基本要素和两个辅助要素（机会和政府）的整合作用，六个要素形成钻石体系（如图2-1所示）。

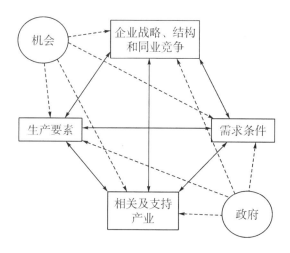

图 2-1　钻石体系

一是生产要素。波特将生产要素划分为初级生产要素和高级生产要素。初级生产要素是指天然资源、气候、地理位置、非技术工人、资金等。高级生产要素则是指现代通信、交通等基础设施，受过高等教育的人力及研究机构等。波特认为，初级生产要素的重要性越来越低，因为人们对它的需求在减少，而跨国公司可以通过全球的市场网络来取得（当然初级生产要素对农业和以天然产品为主的产业还是非常重要的）。高级生产要素对获得竞争优势具有不容置疑的重要性。高级生产要素需要先在人力和资本上大量和持续地投资，而作为培养高级生产要素的研究所和教育计划，本身就需要高级的人才。高级生产要素很难从外部获得，必须企业自

---

① PORTER M E. The Competitive Advantage of Nations ［M］. London：Macmillan Press, 1990.

己来投资创造。从另一个角度，生产要素被分为一般生产要素和专业生产要素。高级专业人才、专业研究机构、专用的软（硬）件设施等被归入专业生产要素。越是精致的产业越需要专业生产要素，而拥有专业生产要素的企业也会产生更加强大的竞争优势。一个国家如果想通过生产要素建立起产业强大而又持久的优势，就必须发展高级生产要素和专业生产要素，这两类生产要素的可获得性与精致程度也决定了竞争优势的质量。如果国家把竞争优势建立在初级与一般生产要素的基础上，它通常是不稳定的。

二是需求条件。这里的需求条件即国内需求市场。国内需求市场是产业发展的动力。国内市场与国际市场的不同之处在于企业可以及时发现国内市场的客户需求，这是国外竞争对手所不及的，因此波特认为全球性的竞争并没有降低国内市场的重要性。波特指出，本地客户的本质非常重要，特别是内行而挑剔的客户。假如本地客户对产品、服务的要求或挑剔程度在国际上数一数二，就会激发出该国企业的竞争优势。这个道理很简单，如果能满足最难缠的顾客，其他的客户要求就不在话下。另一个重要方面是预期性需求。如果本地的顾客需求领先于其他国家，这也可以成为本地企业的一种优势，因为先进的产品需要前卫的需求来支持。

三是相关及支持产业。对形成国家竞争优势而言，相关及支持产业与优势产业是一种休戚与共的关系。波特的研究提醒人们注意"产业集群"现象——一个优势产业不是单独存在的，它一定是同国内相关强势产业一同崛起的。本国供应商是产业创新和升级过程中不可缺少的一环，这也是它最大的优点所在。因为产业要形成竞争优势，就不能缺少世界一流的供应商，也不能缺少上下游产业的密切合作关系。同时，有竞争力的本国产业通常会带动相关产业的竞争力。波特指出，即使下游产业不在国际上竞争，但只要上游供应商具有国际竞争优势，对整个产业的影响仍然是正面的。

四是企业战略、结构和同业竞争。波特指出，推进企业走向国际化竞争的动力很重要。这种动力可能来自国际需求的拉力，也可能来自本地竞争者的压力或市场的推力。创造与持续产业竞争优势的最大关联因素是国内市场强有力的竞争对手。波特指出，强有力的国内竞争对手普遍存在于具有国际竞争力的产业中。在国际竞争中，成功的产业必然先经过国内市场的搏斗，迫使其进行改进和创新，海外市场则是竞争力的延伸。而在政府的保护和补贴下，在国内没有竞争对手的"超级明星企业"通常并不具有国际竞争能力。

五是机会。机会是可遇而不可求的，机会可以影响前面四大要素发生变化。波特指出，对企业发展而言，形成机会的可能情况大致有几种：基础科技的发明创造、传统技术出现断层、外因导致生产成本突然提高（如石油危机）、金融市场或汇率的重大变化、市场需求的剧增、政府的重大决策、战争。机会其实是双向的，它往往在新的竞争者获得优势的同时，使原有的竞争者丧失优势，只有能满足新需求的厂商才能有发展"机遇"。

六是政府。波特指出，从事产业竞争的是企业，而非政府，竞争优势的创造最终必然要反映到企业上。一个国家即使拥有最优秀的公务员，也无从决定应该发展哪项产业，以及如何达到最适当的竞争优势。政府能做的只是提供企业所需要的资源，创造产业发展的环境。政府只有扮演好自己的角色，才能成为扩大钻石体系的力量。政府可以创造新的机会和压力。政府直接投入的应该是企业难以采取行动的领域，也就是外部成本，如发展基础设施、开放资本渠道、培养信息整合能力等。从政府对四大要素的影响看，政府对需求的影响主要是政府采购，但是政府采购必须有严格的标准，扮演挑剔型的顾客；采购程序要有利于竞争和创新。在形成产业集群方面，政府并不能无中生有，但是可以强化它。政府在产业发展中最重要的角色莫过于保证国内市场处于活泼的竞争状态，制定竞争规范，避免托拉斯状态。

2.2.2.4　新经济增长理论

在 20 世纪 80 年代中期，以罗默和卢卡斯等人为代表的一批经济学家，在新古典增长理论重新思考的基础上，发表了一组以"内生技术变化"为核心的论文，探讨了长期经济增长的源泉。新经济增长理论（new economic growth theory）强调经济增长不是外部力量，而是经济体系内部力量作用的产物。它重视对知识外溢、人力资本投资研究和开发、收益递增、劳动分工专业化、边干边学、开放经济等问题的研究。新经济增长理论的"新"是区别于新古典增长理论而言的，将经济增长源泉完全内生化，因此这一理论又被称为"内生经济增长理论"。

Romer（1990）的技术进步内生化模型认为，技术变革是增长的核心；技术变革源于受市场激励推动的有意识的投资行为，是内生因素而非外生因素；技术既不是传统商品也不是公共物品，技术商品在使用和占有方面，分别具有非竞争性和部分排他性。罗默基于此构建了四元素三部门模型，这个模型以技术进步为基本动力，而技术进步是追求利润最大化的投资行为引起的，通过技术进步实现知识和产品创新来带动经济增长[①]。Lucas 等（1988）研究了人力资本积累的"生产函数"，以在经济增长模型中内生化人力资本存量的变动来说明生产率的变化，将经济增长的源泉和动力归结为人力资本内生的积累和增长[②]。Arrow（1962）的干中学增长模型认为干中学所导致的经验和知识的积累及生产的收益递增，促进了专业化水平的加深并导致了经济的内生增长[③]。Schumpeter（1961）的创新理论认为创新是经济发展的根本动力，形式包括产品、市场新、流程和管理创新等，从而推动了经济增长和收敛[④]。Grossman 和 Helpman（1990）构建了创新与经济增长的两要素模型，并将人力资本存量和产品质量因素内生化，分析了贸易导致创新和增长的传递机制[⑤]。

新经济增长理论突破了单纯考虑土地、劳动要素的传统经济增长理论。在开放经济条件下，该理论强调对外贸易是促进技术进步、实现人力资本优化进而推动经济发展的重要部分。新增长理论强调发展中国家在经济发展过程中对外开放的重要性。新增长理论认为，国与国之间发展对外贸易不仅可以增加对外贸易的总量，而且可以加速先进知识、技术和人力资本在世界范围内的传递。

新经济增长理论说明，只有在能够带来技术进步的条件下，要素投入的增加才能推动经济的持续发展。这从理论上证明粗放型经济增长模式不可持续。新经济增长理论有助于我们认识知识、技术在现代经济中所具有的至关重要的作用，有助于我们更深刻地认识到我国现实经济增长方式转变的必要性和紧迫性。为了保证经济持续、快速、健康发展，我国必须将经济增长方式转变到主要依赖技术进步的集约型经济增长方式上来。总之，新经济增长理论是对经济增长理论的重大突破，为经济增长方式向经济发展方式转变提供了有力支撑，同时也为我们深入研究外贸增长方式向

---

① ROMER P. Endogenous technological change [J]. Journal of Political Economy, 1990, 98 (5): 71-102.

② LUCAS J, ROBERT E. On the mechanics of economic development [J]. Journal of Monetary Economics, 1988, 22 (1): 3-42.

③ ARROW K J. The economic implications of learning by doing [J]. Review of Economic Studies, 1962, 29 (3): 155-173.

④ SCHUMPETER J A. The theory of economic development [M]. Oxford: Oxford University Press, 1961.

⑤ GROSSMAN G M, HELPMAN E. Trade, innovation and growth [J]. American Economic Review, 1990, 80 (2): 86-91.

外贸发展方式转变找到了理论依据。

2.2.2.5　微笑曲线理论

微笑曲线（smiling curve）理论是由中国台湾宏碁集团创始人施振荣先生于1992年提出的，作为宏碁的策略方向。随后十多年间，施先生将微笑曲线加以修正，推出了施氏产业微笑曲线，为中国台湾地区各产业的中长期发展策略指引方向。如图2-2所示，微笑曲线是一条两端朝上的曲线，横轴代表产业链，左边是研发设计，中间是加工制造，右边是营销服务。处于微笑曲线中间位置的制造环节附加值最低，而且全球制造也已经供过于求；处于微笑曲线两端的设计和营销服务环节附加值较高。因此产业应朝微笑曲线两端的高附加值发展，在左边加强研发创造，在右边加强营销与服务。微笑曲线反映出企业和产业应坚持动态发展的一面，突破瓶颈，将研发、生产和营销有效结合，实现产品价值的提升。

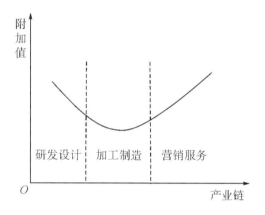

图2-2　微笑曲线

微笑曲线的形成，源于国际分工模式由产品分工向要素分工的转变，也就是参与国际分工合作的世界各国企业，由生产最终产品转变为依据各自的要素禀赋，只完成最终产品形成过程中某个环节的工作。最终产品的生产，经过市场调研、创意形成、技术研发、模块制造与组装加工、市场营销、售后服务等环节，形成了一个完整链条。这就是全球产业链，它一般由实力雄厚的跨国公司主导。以制造加工环节为分界点，全球产业链可以分为产品研发、制造加工、流通三个环节。从过程产品到最终产品再到最终产品销售，产业链上各环节创造的价值随各种要素密集度的变化而变化。发展中国家的企业由于缺少核心技术，主要从事制造加工环节的生产。然而，无论加工贸易还是贴牌生产，制造加工环节付出的只是土地、厂房、设备、水、电等物化要素成本和简单的劳动成本，虽然投入也很大，但在不同国家间具有可替代性，企业为争取订单，常常被压低价格。而跨国公司掌控的研发环节和流通环节，其所投入的信息、技术、品牌、管理、人才等属知识密集要素，比制造加工环节更复杂，具有不可替代性。同时，面对复杂多变的国际市场，研发和流通环节要承担更大的市场风险，按照合同完成订单生产即可分享利润的制造加工环节并不负责产品销售，市场风险极低。按照成本与收益、风险与收益正比匹配原则，跨国公司作为生产过程的最大投资者和最终产品销售的风险承担者，自然成为最大的受益者。

微笑曲线理论为我国对外贸易指明了转型升级的方向和途径。对于外贸企业而言，应当加快外贸产业的转型和升级，在全球产业价值链分工的微笑曲线中寻求有利位置。当今，加工贸易在我国对外贸易中还占有较大比重，产品附加值较低。中国的外贸发展仍处于微笑曲线的较低端，要想实现从中国制造到中国创造，贸易大国到贸易强国的转变，应当按照微笑曲线的发展路径，促进外贸产业向微笑曲线的两端的高附加值方向发展：一方面加大研发投入，注重产品的创新；另一方面注重营销，开发销售渠道，提高售后服务水平，最终有效地提高外贸产业的附加值，促进外贸转型的实现。

以上相关理论，为外贸转型升级提供了理论依据。比较优势理论、产品生命周期理论与竞争优势理论对外贸的转型提供了可靠保障。外贸的转型与发展依然需要巩固和提升传统比较优势，同时培育新型外贸竞争优势，转型的过程就是巩固传统比较优势与创造新型竞争优势的过程。新经济增长理论把创新作为经济发展的核心动力，外贸转型需要由要素资源驱动转变为以创新驱动，需要外贸在各环节创新发展，形成新型国际竞争优势。微笑曲线理论指导我们把握产业链动态组合与创新的规律，善于在某些产品或产业找到突破口，大胆创新，通过掌握核心技术、创立自主品牌以及争取国际流通渠道主动权、终端市场控制权，向产业链高端延伸升级，并通过创新性整合，最终建立以本国跨国公司为核心的新的全球产业链条，从而更好地利用国内国外两种资源、两个市场，最大限度地增加本国福利。

2.3　本章小结

　　本章主要论述了低碳经济概念、发展低碳经济的理论基础及外贸转型升级的相关基础理论。低碳经济是以低能耗、低污染、低排放为基础的经济模式，是含碳燃料所排放的二氧化碳显著降低的经济。低碳经济实质是保持经济社会发展的同时，实现资源高效利用，实现能源低碳或无碳开发。文中还阐述了低碳经济催生的一个新税目——"碳关税"。碳关税是为均衡各国减排成本，对特定国家进口产品采取的单边贸易限制措施，碳关税的提出，给发展中国家的对外贸易发展带来了严峻的挑战。作为发展低碳经济的理论基础，本章阐述了可持续发展理论、脱钩理论、绿色经济理论、循环经济理论等基础理论，从理论层面探讨了发展低碳经济的必要性和必然性。

　　外贸转型升级从本质上来说就是提质增效，是外贸发展方式的转变。外贸转型升级是培育对外贸易竞争新优势的过程，需要外贸发展由劳动密集型向技术密集型转变、发展方式由粗放式向集约式转型，优化贸易结构，提高产品的附加值。外贸转型升级的理论基础涉及比较优势理论、产品生命周期理论、竞争优势理论、新经济增长理论和微笑曲线理论等。这些理论为外贸转型升级提供了重要的指导和启示。在实践中，重庆需要结合自身实际情况和全球经济形势的变化，制定相应的政策和措施，推动外贸转型升级的实现和发展。

第3章 低碳经济背景下国际贸易的发展趋势

随着全球气候变暖问题日益严重，低碳经济逐渐成为全球各国关注的焦点。在低碳经济的影响下，国际贸易的格局、结构、产业发展等均会出现新的变化，这些也是一个国家或地区对外贸易发展需要考虑的。

3.1 绿色贸易将日益成为国际贸易的重要组成部分

3.1.1 绿色贸易成为推动经济增长的新动能

绿色贸易是指以经济社会的可持续发展为前提，以降低污染与碳排放量、节约资源能源、保护自然环境为宗旨，并以环保、节能、低碳和可持续发展为目标的新兴国际贸易形式。绿色贸易强调可持续发展和环保，通过减少碳排放、节约能源和资源来推动贸易。随着全球环境问题的日益严重，绿色化、低碳化已经成为全球产业的新标准。发展绿色贸易既是落实"双碳"目标、推进贸易与环境协调发展的迫切需求，又是增强外贸企业竞争力的有力保障。据联合国贸易和发展会议公布的数据，尽管2022年全球贸易领域表现低迷，但绿色能源产品的贸易实现了持续快速增长，特别是电动汽车、风力涡轮机，全年增幅分别高达25%和10%。预计到2030年，包括电动汽车、太阳能、风能、氢能等在内的绿色技术的市场规模将增长3倍左右，这意味着未来的绿色贸易的需求增长会为全球继续带来巨大的空间①。推进绿色低碳转型已成为全球共识，世界各国特别是大部分发

---

① 中国贸易报. 绿色贸易成转型发展重要引擎[EB/OL]. (2023-10-12) [2024-01-01]. http://k.sina.com.cn/article_1707450894_65c5a20e01901390b.html.

达国家把低碳发展上升到国家战略高度。亚太经济合作组织（APEC）已着手推进环境产品扩容，WTO 有望重启《环境产品协定》谈判。在各方促进政策的推动下，绿色贸易规模有望进一步增长，在全球贸易中占比进一步提高，中国、欧盟、美国、日本等经济体绿色贸易规模将继续占据世界前列，墨西哥、印度、巴西等发展中国家绿色贸易有望实现较快速增长。

3.1.2　低碳环保意识增强，绿色消费市场扩大

随着全球环境问题的日益严重，人们的环保意识不断增强，越来越多的国家开始采取各种政策和措施，推动绿色贸易的发展，鼓励企业采用绿色生产方式，减少碳排放和资源消耗。例如，欧洲联盟采用了碳排放交易体系，通过碳排放配额交易来实现减排；中国推出了绿色供应链管理体系，要求企业采购环保产品和服务。这些政策的实施为绿色贸易奠定了法律和制度基础。与此同时，越来越多的企业开始关注自身的环境影响，愿意投资和使用低碳技术和产品，以实现可持续发展。

随着国际社会对环境友好型产品的认可度不断提高，消费者也越来越关注产品的环保性，对绿色产品的需求也日益增加，这为绿色贸易提供了市场需求。越来越多的消费者愿意购买具有环境标签和认证的产品，以减少对环境的负面影响。例如，国际公平贸易标签组织认证的咖啡和可持续发展标签的木材等向消费者传递了绿色贸易的价值，受到消费者的青睐。绿色产品和服务的需求将增加，从而推动清洁能源、环保技术和可持续发展产业的发展，让更多的企业注重环境保护。

总的来说，随着低碳技术的发展和人们保护生态意识的增强，绿色贸易必将成为国际贸易的重要组成部分，对于推动全球环境保护、实现可持续发展和促进经济增长必将产生重要作用。

3.2　低碳技术和产品的国际贸易将得到进一步推动

随着经济的发展，人们对低碳技术和产品的需求必将持续增长，进而推动低碳技术和产品的国际贸易进一步发展。

3.2.1　低碳技术和产品市场潜力巨大

近年来，气候变化的影响越来越明显，各国对气候变化问题越来越重

视。低碳经济要求各国减少碳排放，各国希望能够借助低碳技术和产品来实现经济转型，减少对传统能源的依赖，提高能源利用效率，降低能源成本。许多国家已经制定了严格的碳减排目标，并加大了对低碳技术和产品的研发和应用力度。一些发达国家和地区如欧盟、美国、日本等，已经在低碳技术领域处于领先地位，具备了较强的研发和生产能力，这些国家将能够在国际市场上出口自己的低碳技术和产品，并通过贸易实现经济增长。而一些发展中国家由于受到经济水平和技术水平等因素的制约，在低碳技术和产品方面的需求很大，需要从国际市场上进口这些技术和产品，以满足国内的低碳发展需求。这将促使各国加强合作，从而推动低碳技术和产品的国际贸易发展。因此，低碳技术和产品的国际贸易将成为未来的一个重要方向。

3.2.2 低碳标准的推广将促进低碳产品国际贸易公平有序地进行

低碳技术和产品在国际贸易中需要建立相互认可的标准和规则，以确保产品的质量和交易的公平。相关国际组织和机构已经制定了许多低碳技术和产品的标准和规范，如国际能源机构制定的能源效率标准和国际标准化组织制定的可再生能源认证系统。国际标准化组织的 ISO 14067 标准规定了温室气体排放量评估和披露的要求，为企业提供了一套统一而可比较的方法，以评估其产品在整个生命周期内的温室气体排放量。这一标准被广泛应用于产品制造和供应链管理，促进了企业的低碳转型和产品的低碳化。这些标准和规范的推广将有助于促进低碳技术和产品的国际贸易公平有序地进行。

3.2.3 贸易政策的调整将促进低碳技术和产品的国际贸易

许多国家已经意识到低碳技术和产品的重要性，纷纷出台了鼓励低碳技术发展和产品国际贸易的政策，如减少关税或取消关税、提供贷款和补贴、设立基金来支持低碳技术和产品的研发和应用等。这些政策的调整将降低低碳技术和产品的贸易壁垒，促进低碳技术和产品的国际贸易发展。

我国政府对太阳能发电设备、风力发电设备等进行了关税减免，以鼓励其进口和应用；对于新能源汽车、节能产品等低碳技术和产品，政府给予购置补贴和研发资金支持，以促进其推广和发展。

欧盟也是鼓励低碳技术和产品的国际贸易的先行者之一。欧盟建立和实施了绿色采购政策,推动政府机构和公共机构采购低碳技术和产品,促进低碳技术和产品在欧洲范围内的推广应用。欧盟还通过提供技术支持和财政支持等方式(如欧洲创新与科技研究框架计划),鼓励低碳技术和产品的国际合作和贸易。

美国是全球低碳技术和产品市场的主要消费国之一,也是全球低碳技术和产品的创新中心之一。美国通过实施税收优惠政策、设立绿色贷款基金等方式,鼓励低碳技术和产品的发展和应用。例如美国政府对新能源行业和清洁能源技术提供了丰厚的税收优惠政策,从而降低了成本,促进了低碳技术和产品的市场发展和应用。此外,美国政府还积极推动低碳技术和产品的国际贸易,通过签署和推动自由贸易协定,为低碳技术和产品的出口提供了便利和机会。

作为发展中国家的印度,也通过减免关税、提供财政补贴等方式积极推动低碳技术和产品的国际贸易,推动国内清洁能源和低碳技术的发展和应用。如印度政府发布了国家太阳能任务和印度风能任务,旨在推动太阳能和风能发电的规模化应用,吸引了大量国内外低碳技术和产品的投资和合作。

3.3 全球碳排放权交易逐渐兴起

碳排放权交易通过市场机制来减少温室气体的排放,将温室气体排放限额分配给不同的组织或国家,这些排放限额可以被转让、买卖或交换。这一机制的兴起可以追溯到 1997 年《京都议定书》的签署,该公约为碳排放权交易奠定了基础。随着全球对气候变化的关注不断增加,碳排放权交易已成为许多国家和地区应对气候变化的重要组成部分。

欧洲是碳排放权交易兴起的一个重要地区。欧盟于 2005 年启动了欧洲温室气体排放交易体系(EU-ETS),这是世界上首个大规模的碳排放权交易机制。该计划通过将碳排放配额分配给超过 1.5 万家企业,鼓励企业采取措施减少其碳排放,并为其提供经济激励。欧洲碳市场的设立为欧盟成员国提供了一种成本效益较高且弹性较强的方式来实现气候变化目标。此外,欧洲碳市场还促使企业采取更多的低碳技术,推动了绿色经济的发展。

作为全球最大的碳排放国家，中国也启动了碳排放权交易。中国将碳排放权交易视为减少温室气体排放的重要手段。中国 2011 年启动了碳排放权交易试点项目，并于 2017 年正式启动了全国碳排放权交易市场。中国碳市场机制的建立以及国家级碳市场政策的推动，为企业提供了一个更具市场化的方法来管理和减少自身的碳排放。全国碳排放权交易市场也促进了清洁能源和低碳技术的发展，使中国在应对气候变化方面取得了很大的进展。

其他很多国家和地区也在探索和实施碳排放权交易机制。例如，加拿大实施了一系列针对温室气体减排的政策措施，其中包括碳排放货币交易。加拿大的碳排放交易通过建立碳报价和交易系统（output-based pricing system，OBPS）来实施，该系统通过向高碳排放行业征收价格罚款，鼓励企业减少排放。美国加利福尼亚州在 2006 年启动了一项碳排放权交易计划，旨在通过限制温室气体排放并鼓励清洁能源使用来减少碳排放。加利福尼亚州的碳市场在全美范围内引起了其他州的关注，并成为美国最大的碳市场之一。此外，韩国、新西兰、日本和瑞士等国也实施了碳排放交易机制。澳大利亚、南非和巴西等国家也都在考虑或试图实施碳排放权交易机制。

目前，欧盟、美国、中国等主要经济体都建立了自己的碳排放权交易市场，这将促使企业在国际贸易活动中更加注重减排，提高清洁生产能力和技术创新能力，通过碳排放权的交易，促进温室气体减排目标的实现。碳排放权交易也加强了国际合作和交流——例如欧盟和中国之间的碳市场合作——碳排放贸易将成为各国合作的一个重要领域。

3.4　低碳贸易壁垒的保护作用将进一步加强

为了实现碳减排目标，许多国家采取了各种措施，其中包括对高碳排放行业的产品和服务进行限制和惩罚。这些措施逐渐演变为一种新型的贸易壁垒——低碳贸易壁垒。低碳贸易壁垒以环境保护为由，通过制定严格的低碳法规和技术标准，对高碳排放的产品进行限制和惩罚，从而达到保护本国市场和环境的目的。

3.4.1　低碳技术标准上升

在低碳贸易壁垒中，低碳技术标准是非常重要的一部分。随着技术的不断发展，清洁能源、可再生能源及能源消耗等方面的技术标准也不断提高。例如，国际标准化组织（ISO）已经制定了清洁发展机制（CDM）标准，旨在推动全球清洁能源和可再生能源的发展。此外，一些国家还通过制定强制性的能效标准和碳足迹标准等，限制高能耗、高碳排放产品的生产和出口。

3.4.2 碳关税逐步实施

碳关税是指对高碳排放行业的产品加征二氧化碳排放税，以增加其生产成本，从而减少高碳排放产品的生产和出口。法国政府在 2011 年率先对国内航空公司征收碳关税，随后一些发达国家也纷纷推出碳关税政策。这些政策的实施旨在促进企业采用低碳技术和减少温室气体排放，同时也将对国际贸易产生一定的影响。碳关税将增加高碳排放企业的成本，从而使得其产品在市场上竞争力下降。

3.4.3 环保标签要求提高

环保标签是一种用于标识产品环保性能和特点的标志，其目的是引导消费者选择更加环保的产品。随着环保意识的不断提高，人们对于环保标签的要求也越来越高。例如，欧盟已经实施了统一的生态标签体系，对于产品的环保性能和生产过程都有严格的要求。此外，一些国际组织和企业还制定了自己的环保标签体系，如全球环境基金（GEF）的"地球选择器"等。这些环保标签将帮助消费者更加方便地选择环保产品，同时也将促进企业更加注重环保和低碳生产。

3.4.4 能效标准门槛提高

能效标准是衡量产品能源利用效率的重要指标，其标准的提高将直接影响到产品的生产成本和市场竞争力。例如，欧盟在 2009 年实施了新的能效标识制度，对于空调、冰箱等家电产品的能效标准进行了更加严格的限制。此外，一些国家还通过实施能效标准和补贴政策等，鼓励企业采用更加清洁和高效的能源利用方式。这些政策的实施将进一步提高能效标准门槛，促进企业提高能源利用效率。

各国采取不同的减排策略和低碳政策，以保护自身的经济利益。这种贸易保护主义的出现可能会对国际贸易体系造成一定的冲击，增加贸易摩擦和不确定性。

3.5　服务贸易将得到进一步发展

低碳经济的发展将会促进产业结构调整，传统的高能耗、高污染产业将逐渐被淘汰，低耗能产业将得到快速发展，这种产业结构调整为服务贸易提供了新的领域和机会。此外，低碳经济的发展也将促进全球范围内的合作和交流，从而推动服务贸易的发展。

3.5.1　环保意识增强，服务贸易领域的需求增加

随着人们环保意识的提高，全球都在推行绿色低碳发展理念。在这个过程中，各国对于环保和低碳技术的需求将会增加。传统的高碳排放、高能源消耗的商品贸易将逐渐减少，取而代之的是以信息技术为基础的服务贸易。例如，通信服务、金融服务、广告宣传服务等新型服务贸易，由于科技含量高、资源消耗低、环境污染少等，将逐渐成为贸易行业的主力军。与环保和低碳相关的服务贸易，如碳交易、碳资产管理、新能源技术转让等，将会得到更多的关注和发展。

服务贸易领域相对于商品贸易领域来说，具有较低的能耗和排放，更符合低碳经济的发展要求。与绿色建筑相关的咨询服务、与可再生能源相关的技术转让服务、与碳交易和碳资产管理相关的金融等服务都将迎来更多的需求。人们对低碳、环保、节能等方面的重视程度不断提高，也将鼓励企业采取更环保的生产方式和经营模式。例如，消费者对绿色食品的需求增加将促进绿色食品贸易的发展，企业采取更环保的生产方式将推动环保技术服务的发展。

3.5.2　低碳措施的实施将促进服务贸易的新发展

服务贸易领域包括旅游、教育、医疗、文化等多个方面，这些领域都可以通过采取环保措施和低碳技术来减少碳排放和能源消耗。例如，在旅游领域，可以推广生态旅游和绿色旅游，采用低碳旅游方式和绿色旅游设施，减少旅游活动对环境的影响；在教育领域，可以加强远程教育和在线教育的应用，减少实体校园的能源消耗和排放；在医疗领域，可以通过数字化医疗和绿色医疗技术来降低医疗活动对环境的影响。随着互联网技术

的不断发展和普及，数字化服务贸易也将得到进一步的推进。例如，数字广告、数字教育、数字医疗、数字旅游等新型服务贸易形式，以其高效、便捷、低成本等优势，将逐渐成为服务贸易的重要组成部分。低碳经济的发展将促使服务贸易领域的企业不断提高环保创新和绿色技术水平。

此外，随着全球碳交易市场的不断发展，碳交易和碳金融也将为服务贸易领域带来新的发展机遇。碳交易市场为服务贸易领域提供了一个有效的减排和环保机制，可以通过购买碳排放权来实现减排目标。同时，碳金融也为服务贸易领域提供了新的融资渠道和发展机会，可以促进服务贸易领域的可持续发展。

3.6 贸易领域的低碳国际合作将进一步加强

在全球范围内，低碳经济已经成为一种趋势，各国都在积极推动低碳经济的发展，以实现可持续发展目标。在这种背景下，贸易领域的国际合作也进一步加强。

3.6.1 碳交易市场的国际合作

全球已形成许多区域性碳交易市场。在欧洲，欧盟碳市场已成为全球规模最大的碳市场，是碳交易体系的领跑者。在北美洲，尽管美国是排污权交易的先行者，但由于政治因素一直未形成统一的碳交易体系，当前是多个区域性质的碳交易体系并存的状态。在亚洲，韩国是东亚地区第一个启动全国统一碳交易市场的国家，启动后发展迅速，已形成目前世界第二大国家级碳市场。中国也启动了全国统一的碳交易市场，中国政府还积极推动与国际碳市场的合作，鼓励国内企业参与国际碳排放权交易。在大洋洲，新西兰碳排放权交易体系在"放养"较长时间后已回归稳步发展。

虽然目前还未形成全球范围内统一的碳交易市场，但不同碳市场之间开始尝试对接。2014年，美国加州碳交易市场与加拿大魁北克碳交易市场成功对接，随后2018年其又与加拿大安大略碳交易市场进行了对接。2015年，欧盟和美国达成了碳排放交易协议，两个碳交易市场实现了互联互通。2020年，欧盟碳交易市场与瑞士碳交易市场进行了对接。随着全球碳交易市场的不断发展，各国之间的碳交易合作也在不断加强。

3.6.2 碳金融市场的国际合作

碳金融市场是指为低碳经济提供资金支持的市场，是推动低碳经济发展的重要力量。欧盟和美国是全球碳金融市场的重要参与者，双方在碳金融市场方面也加强了合作。例如，2016年欧盟和美国达成了《巴黎协定》下的第一个合作议定书，明确了双方在碳金融市场方面的合作框架和目标。此外，欧盟和美国还共同成立了碳交易合作小组，加强了双方在碳交易领域的合作。2016年，全球首个跨国碳金融合作机制——中欧双边投资协定（CAI）正式生效，该协定通过金融手段促进中欧之间的贸易和投资合作，推动中欧低碳经济的发展。此外，全球还有许多其他的碳金融合作机制，如美国和加拿大的气候行动储备（CAR）、欧洲的碳排放权交易机制等。

此外，金融机构在碳金融市场国际合作中扮演着重要角色。金融机构通过投资、贷款和保险等方式，为碳交易和减排项目提供资金支持。例如，世界银行和亚洲基础设施投资银行在碳金融领域积极开展投资活动，为低碳项目提供资金支持，推动了全球碳金融市场的发展。碳金融创新是推动碳金融市场发展的重要动力，一些国际金融机构和企业共同推动了碳金融衍生品和绿色债券等创新产品的研发和应用，积极探索碳基金、碳排放权期货等创新模式，推动碳金融市场的多元化发展。

3.6.3 低碳技术的国际合作

低碳经济的发展离不开低碳技术的支持，各国通过联合开展节能技术研发和推广，提高能源利用效率，减少能源消耗和碳排放。2008年，中美双方在环境和能源领域达成合作，签署了《中美能源环境十年合作框架》。2009年，中美签订《加强气候变化、能源和环境合作的谅解备忘录》，并建立了中美清洁能源联合研究中心（简称"CERC"），针对清洁能源和能效改进技术展开了深入的合作。相关项目由美国能源部和中国科技部联合实施，通过联合研发和示范项目，推动中美两国在低碳技术领域的合作。2019年，欧盟提出了"欧洲绿色协议"，旨在推动欧洲各国在低碳技术领域的创新和合作，鼓励各国企业、研究机构之间加强合作，共同推动低碳技术的研发和创新。2021年，中国与欧盟就碳边境调节机制达成一项协议，共同应对气候变化。这一协议允许双方使用相互承认的核证减排量

（CERs）作为碳边境调节的信用机制，并促进双方之间开展更多的合作项目。

此外，还有许多其他的低碳技术国际合作项目，如国际能源机构（IEA）的全球能源效率和可再生能源计划；中国与德国、法国等国家在风能、太阳能等清洁能源技术方面进行了广泛合作，共同推进清洁能源项目；"一带一路"倡议下的绿色投资和零碳低碳技术贸易等合作形式，拓展了与共建"一带一路"国家的绿色产能、绿色资本、绿色贸易等方面的合作；各国通过合作制定统一的能效标准和标识，引导企业和消费者选择高效节能的产品和服务等等。低碳经济的发展推动了各国在低碳技术和贸易领域的合作，各国将加强技术交流和共享经验，国际的跨境合作将更加紧密。

3.7　本章小结

在低碳经济背景下，国际贸易的发展趋势呈现出绿色产品贸易增长、技术转移和知识共享、碳关税和碳交易市场发展、绿色供应链管理、绿色投资增加以及国际合作加强等特点。本章从绿色贸易将日益成为国际贸易的重要组成部分、低碳技术和产品的国际贸易将得到进一步推动、全球碳排放权交易逐渐兴起、低碳贸易壁垒的保护作用将进一步加强、服务贸易将得到进一步发展、贸易领域的低碳国际合作将进一步加强等六个方面，对低碳经济背景下国际贸易的发展趋势进行了阐述。这些趋势反映了全球对环境保护和气候变化问题的关注度提高，以及各国在应对气候变化方面的共同努力。在这个过程中，发达国家将通过技术转让、技术合作等方式，帮助发展中国家实现低碳转型。同时，企业也需要加强绿色供应链管理，优化资源配置，减少碳排放。此外，绿色投资的需求也将得到推动，促进绿色经济的发展。总之，低碳经济背景下的国际贸易发展趋势将为全球经济带来新的机遇和挑战。

第4章 重庆外贸发展与能源消费 及碳排放情况分析

低碳经济作为一种新兴的经济发展模式，通过技术创新、制度创新、新能源开发与产业转型，有效地推动节约能源技术、能效技术、可再生能源技术与温室气体减排技术的开发和运用，促进整个社会经济朝高能效、低碳排放和低能耗的模式转型。重庆作为国家重要的现代制造业基地，西部大开发的重要战略支点、"一带一路"与长江经济带联结点，近年来经济发展始终保持着高速增长，对外贸易整体规模不断扩大。但是，重庆在经济快速发展，对外贸易规模不断扩大的同时，碳排放量也在迅速增加，喜忧参半。

4.1 重庆外贸发展情况分析

4.1.1 对外贸易规模不断扩大，持续顺差

对外贸易是驱动重庆经济增长的重要动力。我国加入 WTO（世界贸易组织）以来，重庆的对外贸易规模整体上呈不断上升趋势。从表 4-1、图 4-1 可以看出 2012—2021 年重庆对外贸易的基本情况。2012—2021 年，重庆外贸进出口总额从 532.03 亿美元增长至 1 238.33 亿美元，年均增长 9.84%①，高出全国平均水平 4.74 个百分点；且外贸持续顺差，由 2012 年的 239.37 亿美元增加至 2021 年的 361.80 亿美元。

2013 年，重庆市进出口总额达 687.04 亿美元，同比增长 29.14%，首次在西部 12 个省（自治区、直辖市）中位列第一。2014 年，重庆外贸增

---

① 本节的进出口额增减百分比数据精确到小数点后两位。

长迅猛，进出口总额为 954.50 亿美元，实现 38.93% 的飞跃。2014 年重庆的外贸进出口呈现出三大亮点：一是重庆外贸进出口总额超过以往所有年份，并仍然保持在全国排名前十位，在中西部地区排名第一，占全国的比重较上年提升 0.57%；二是出口总额首次超过天津、北京和辽宁，第一次迈入全国前七的大门；三是进出口发展更趋于平衡，进口迈入了 300 亿美元的新台阶，进口在外贸总额中的份额相对上年提高 1.7 个百分点，关键配件、先进设备等进口规模大大增加。

然而，受主要进口商品价格普遍下跌以及内需不足的影响，2015 年成为中国外贸发展进程中的新拐点。如表 4-1、图 4-1 所示，2015 年重庆外贸进出口总额 744.77 亿美元，同比下降 21.97%，下降水平远超全国平均水平；其中，出口 551.90 亿美元，同比减少 12.96%；进口 192.87 亿美元，同比减少 39.81%；外贸顺差 359.03 亿美元。2016 年，重庆外贸进出口总额 627.71 亿美元，其中出口 406.94 亿美元，进口 220.77 亿美元；外贸顺差 186.17 亿美元，比上年减少 172.86 亿美元。

重庆对外贸易的下滑趋势在 2017 年得到了一定程度的遏制。2017 年重庆对外贸易的进出口总额达到 666.04 亿美元，同比增长 6.11%。2017 年加工贸易进出口成为重要拉动力，加工贸易进出口总额达 306.58 亿美元，较 2016 年（252.62 亿美元）同期增长 21.36%，占同期重庆外贸总额的 46%。其中，笔记本电脑出口 4 856.9 万台，创造了 189.82 亿美元的收入，较上年增长 19.26%。

2018 年，重庆外贸呈现出规模逐渐扩大、增速逐渐加快的走势，外贸进出口总额达 790.40 亿美元，同比增长 18.67%。其中，出口 513.77 亿美元，较上年增长 20.61%；进口 276.63 亿美元，较上年增长 15.24%；外贸顺差 237.14 亿美元，较上年增长 51.20 亿美元。

2019 年，重庆外贸发展呈现出稳中有升的态势，外贸进出口总额为 839.64 亿美元，比 2018 年增长 6.23%；其中，外贸出口 537.99 亿美元，同比增长 4.71%；进口 301.65 亿美元，同比增长 9.04%；外贸顺差 236.34 亿美元。2019 年重庆外贸进出口增速较 2018 年有所下降，但仍高于同期我国整体外贸进出口增速。

2020 年重庆外贸进出口总额为 941.76 亿美元，列全国第 12 位、西部第 2 位，占全国外贸进出口总额的 2.02%，外贸形势持续向好，内陆开放高地建设成效初显，为服务和融入新发展格局奠定了基础。

2021 年，重庆外贸保持稳定增长势态，进出口总额超过 1 000 亿美元，达到 1 238.33 亿美元，排全国第 11 位、西部第 2 位，占全国外贸进出口总额的比重为 2.05%。其中，外贸出口 800.06 亿美元，同比增长 32.18%；进口 438.27 亿美元，同比增长 30.25%；外贸顺差 361.79 亿美元，创历史新高。

表 4-1　2012—2021 年重庆外贸进出口情况

金额单位：亿美元

年份	外贸进出口总额	外贸进出口额全国占比/%	外贸出口额	外贸进口额	进出口差额
2012	532.03	1.38	385.70	146.33	239.37
2013	687.04	1.65	467.97	219.07	248.90
2014	954.50	2.22	634.09	320.41	313.68
2015	744.77	1.88	551.90	192.87	359.03
2016	627.71	1.70	406.94	220.77	186.17
2017	666.04	1.62	425.99	240.05	185.94
2018	790.40	1.71	513.77	276.63	237.14
2019	839.64	1.83	537.99	301.65	236.34
2020	941.76	2.02	605.28	336.48	268.80
2021	1 238.33	2.05	800.06	438.27	361.79

数据来源：2013—2022 年《重庆统计年鉴》，重庆海关统计数据。

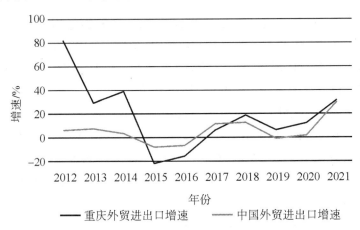

图 4-1　2012—2021 年重庆及全国外贸进出口增速对比

数据来源：2013—2022 年《重庆统计年鉴》，重庆海关统计数据。

4.1.2 出口商品以工业制成品为主，高新技术产品占比不断提升

联合国国际贸易标准分类（简称"SITC"）将国际货物贸易商品分为以下十大类：SITC0——食品和活畜；SITC1——饮料及烟草；SITC2——燃料以外的非食用原料；SITC3——矿物燃料、润滑油及有关原料；SITC4——动植物油，脂和蜡；SITC5——化学品及有关产品；SITC6——主要以材料分类的制成品；SITC7——机械和运输设备；SITC8——杂项制品；SITC9——未分类商品。其中，SITC0—SITC4 为初级产品，SITC5—SITC9 为工业制成品。

表 4-2 为 2012—2021 年重庆主要出口商品情况表，占比表示各类商品出口额占重庆市商品出口总额的比重。由表格数据可以看出，2012 年至 2015 年，重庆市初级产品出口比重非常小，不足 1%；与之相对应的，工业制成品的出口比重都稳定在 99% 以上。2016—2021 年虽然统计年鉴没有提供重庆初级产品和工业制成品出口额的分类数据，但是总体占比应该是变化不大的。

机电产品是重庆主要出口产品，在重庆外贸出口中的占比比较稳定。如表 4-2 所示，2012—2015 年重庆机电产品出口占比保持在 70% 左右；2015 年以后，重庆机电产品出口占比稳步上升，从 2016 年的 83.63% 上升至 2020 年的 91.67%，创历年新高；2021 年重庆机电产品出口占比稳定在 91.36% 的水平。机电产品中，汽车、器械器具、船舶、机器及运输设备产品是重庆出口的传统优势产品。重庆高新技术产品出口额从 2012 年的 149.32 亿美元增至 2021 年的 581.86 亿美元；比重从 2012 年的 38.71% 上升至 2021 年的 72.73%，除个别年份稍有波动外，整体而言逐年递增，且增长速度较快，2012 年至 2021 年年均增速为 16.3%。

自重庆市笔记本电脑基地建立以来，重庆机械制造行业出口额保持继续增长，笔记本电脑行业及部分高附加值产品的对外贸易规模也在不断扩大。笔记本电脑成为第一大出口商品，出口额从 2015 年的 1 156.75 亿元增加到 2021 年的 2 000.88 亿元，年均增长 9.5%，占全市出口的比重从 2015 年的 33.9% 提高到 2021 年的 38.7%。2017 年，重庆共出口笔记本电脑 4 856.9 万台，比上年增加 6.9%，出口价格平均每台 2 646 元，同比上涨 14.5%。笔记本电脑产业出口额对重庆市出口额增长的贡献率达到 112.6%。2018 年，平板电脑和微型电脑两种重庆传统电子信息产品出口

额分别增长 85.6% 和 19.7%，二者出口额合计拉动重庆整体出口增长 3.8 个百分点。同时，中央处理部件、智能穿戴设备、打印机、液晶显示器、手机以及自动数据处理设备的零件等新兴电子信息产品出口也都增势良好，这些产品出口增长合计拉动重庆整体出口增长 4.2 个百分点。2019 年至 2021 年，重庆市笔记本电脑出口量和出口额均列全国第一。

从初级产品、工业制成品及其高新技术产品出口比重的变化情况可以看出，重庆高附加值、高技术含量的出口商品比重在提升，出口商品结构在逐步优化。

表 4-2 2012—2021 年重庆出口商品情况

年份	初级产品		工业制成品		机电产品		高新技术产品	
	金额/亿美元	占比/%	金额/亿美元	占比/%	金额/亿美元	占比/%	金额/亿美元	占比/%
2012	2.93	0.76	382.78	99.24	259.51	67.28	149.32	38.71
2013	4.13	0.88	463.84	99.12	350.17	74.83	248.36	53.07
2014	3.42	0.54	630.67	99.46	425.39	67.09	310.84	49.02
2015	4.16	0.75	547.74	99.25	418.77	75.88	281.20	50.95
2016	—	—	—	—	340.32	83.63	251.28	61.75
2017	—	—	—	—	374.76	87.97	281.81	66.15
2018	—	—	—	—	452.90	88.15	349.83	68.09
2019	—	—	—	—	483.55	89.88	389.75	72.45
2020	—	—	—	—	554.83	91.67	454.66	75.12
2021	—	—	—	—	730.95	91.36	581.86	72.73

数据来源：根据 2013—2022 年《重庆统计年鉴》及重庆海关数据整理。

注：2016 年开始，《重庆统计年鉴》按商品分类的进出口总值不再提供初级产品和制成品分类统计数据。

4.1.3 加工贸易发展迅速，在进出口贸易中的比重较大

由表 4-3 及图 4-2 可以看出，2012 年重庆一般贸易进出口总额为 279.46 亿美元，2021 年的一般贸易进出口总额为 415.98 亿美元，10 年间增长到原来的近 1.5 倍，但在重庆外贸进出口总额中的比重从 2012 年的 52.53% 下降至 2021 年的 33.59%。2012—2021 年，重庆加工贸易进出口总

额由 173.09 亿美元增加至 561.85 亿美元，年均增长 14%，占进出口总额的比重从 32.53%上升至 45.37%。2013 年以来，重庆市加工贸易进出口规模超过一般贸易，除 2015 年、2016 年出现波动，在进出口总额中的比重低于一般贸易，其他年份都处于领先地位，其中 2014 年加工贸易进出口总额达 544.27 亿美元，占出口总额的比重为 57.02%，创历史新高。改革开放以来，重庆市对外贸易方式结构一直以一般贸易为主，加工贸易为辅。但近年重庆两路寸滩保税港区、西永综合保税区等海关特殊监管区域的快速发展，有力推进了以笔记本电脑、打印机为主的 IT 产业的集聚，重庆加工贸易在外贸出口中的地位发生了转变，重庆出口加工贸易呈现迅猛发展的势头。

重庆一般贸易进出口总额从 2015 年的 366.64 亿美元减少到 2020 年 290.71 亿美元，占全市的比重从 2015 年的 49.23%下降到 2020 年的 30.87%；加工贸易进出口总额从 2015 年的 287.96 亿美元增加到 2020 年 460.21 亿美元，年均增长 9.8%，占全市的比重从 2015 年的 38.66%提高到 2020 年的 48.87%，成为推动全市外贸增长的重要力量。此外，新型贸易模式保持快速增长，保税物流进出口总额从 2015 年的 85.25 亿美元增加到 2020 年 186.18 亿美元，年均增速 16.9%，成为增长最快的贸易方式。

2021 年，重庆实现加工贸易进出口总额 561.85 亿美元，比 2012 年增加 388.76 亿美元，年均增长 14.3%；实现保税物流进出口总额 255.68 亿美元，比 2012 年增加 191.16 亿美元，年均增长 16.5%。重庆贸易方式多元化发展明显。

表 4-3　2012—2021 年重庆按贸易方式分的进出口商品额

金额单位：亿美元

年份	一般贸易				加工贸易			
	进出口总额	占比/%	出口额	进口额	进出口总额	占比/%	出口额	进口额
2012	279.46	52.53	217.16	62.30	173.09	32.53	153.64	19.45
2013	264.15	38.45	188.59	75.56	328.22	47.77	266.62	61.60
2014	298.32	31.25	221.76	76.56	544.27	57.02	403.38	140.89
2015	366.64	49.23	290.00	76.64	287.96	38.66	250.62	37.34
2016	273.2	43.52	172.91	100.29	252.61	40.24	219.29	33.32

表4-3(续)

年份	一般贸易				加工贸易			
	进出口总额	占比/%	出口额	进口额	进出口总额	占比/%	出口额	进口额
2017	270.25	40.58	145.58	124.67	306.57	46.03	268.13	38.44
2018	292.89	37.06	160.59	132.30	397.99	50.35	341.50	56.49
2019	255.75	30.46	144.53	111.22	430.76	51.30	367.03	63.73
2020	290.71	30.87	174.54	116.17	460.21	48.87	387.78	72.43
2021	415.98	33.59	244.71	171.27	561.85	45.37	477.38	84.47

数据来源：根据 2013—2022 年《重庆统计年鉴》及重庆海关数据整理。

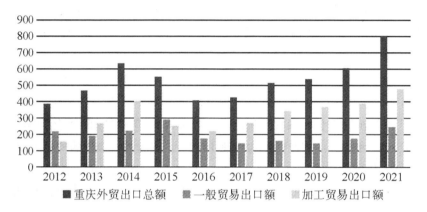

图 4-2　2012—2021 年重庆一般贸易与加工贸易出口额（单位：亿美元）

数据来源：根据 2013—2022 年《重庆统计年鉴》及重庆海关数据整理。

4.1.4　外贸经营主体多元化，民营企业进出口活跃

直辖以来，随着外贸经营权的逐步放开和市场机制的愈加完善，重庆形成了以国有企业、民营企业和外资企业为主体，多种所有制经济并进的新局面。

重庆外贸进出口以国有企业和民营企业为领军。国有企业出口份额逐年减少，民营企业出口后来居上，成为重庆市出口的中坚力量。如表 4-4 所示，2015—2021 年，重庆国有企业出口占比在 3% 左右波动，民营企业出口占比基本保持在 40% 左右。进口方面，2015—2018 年，重庆国有企业进口占比维持在 30% 左右，2019—2021 年进口占比为 20% 左右，有所下

降；民营企业进口占比在 2015—2021 年呈总体上升趋势，从 2015 年的 25.69%上升至 2021 年的 40.89%。

外资企业在重庆对外贸易中也发挥了重要作用，重庆外资企业出口占比从 2015 年的 47.96%提高到 2020 年的 56.82%，2021 年出口占比稍有下降，为 51.28%。

表 4-4　2015—2020 年重庆主要外贸经营主体进出口占比

单位:%

年份	出口占比			进口占比		
	国有企业	外资企业	民营企业	国有企业	外资企业	民营企业
2015	2.67	47.96	48.82	24.13	50.17	25.69
2016	4.24	57.28	37.74	29.60	45.76	24.61
2017	3.95	65.11	29.97	31.67	46.21	22.10
2018	3.22	62.77	33.16	26.35	44.79	28.84
2019	2.87	61.13	35.96	20.25	51.50	28.08
2020	3.17	56.82	39.88	16.27	47.96	35.58
2021	3.49	51.28	45.19	17.48	41.48	40.89

数据来源：根据 2015—2021 年《重庆市国民经济和社会发展统计公报》数据整理。

4.1.5　贸易伙伴对象多元化，出口市场比较集中

重庆进出口市场全球化格局已基本形成。目前，重庆出口商品主要销往美国、欧盟以及亚洲一些国家和地区。在欧盟国家中，重庆对德国及荷兰两国出口最多，占对欧盟出口总额的 50%以上。表 4-5 反映了 2015—2021 年重庆在各主要市场的外贸出口额，从表中数据可以看出，美国、欧盟、东盟和中国香港一直是重庆最主要的出口市场。美国是当前重庆最大的出口商品市场，出口额由 2015 年的 123.85 亿美元增加至 2021 年的 176.90 亿美元，占比在 22%~30%之间波动，其中 2018 年占比为 29.38%，历年最高；出口基本保持稳定增长趋势。欧盟是重庆出口商品的第二大市场，近几年出口额都超过了 100 亿美元，市场份额保持在 20%~24%左右。亚洲市场出口占比较大的有东盟、中国香港、韩国、日本和印度等国家和地区，2018 年重庆对这几个市场的出口额占出口总额的比重接近 25%。2019 年之前，东盟是重庆第三大出口市场，市场份额保持在 10%左右；

2020—2021 年，重庆对香港地区的出口额及市场占比都超过了东盟。从表4-5 中的数据可以看出，欧盟、美国及亚洲几个主要市场贸易额占到了同期重庆外贸出口总额的 70% 以上。近几年来，重庆对欧美市场出口的份额有所增加，对亚洲市场的出口份额有一定的下降。从重庆出口贸易地区的内部情况来看，对外出口贸易地区目前已涵盖了亚洲、非洲、北美洲、欧洲、大洋洲市场。值得一提的是，随着国家"一带一路"倡议的提出，重庆对共建"一带一路"国家的出口也有较快的增长，但占比相对较小。

表 4-5　2015—2021 年重庆对主要出口市场出口额及占比

金额单位：亿美元

年份		2015	2016	2017	2018	2019	2020	2021
出口总额		551.90	406.94	425.99	513.77	537.99	605.28	800.06
美国	出口额	123.85	97.74	115.50	150.95	134.28	148.76	176.90
	占比/%	22.44	24.02	27.11	29.38	24.96	24.58	22.11
欧盟	出口额	107.10	89.77	104.34	124.36	137.26	127.93	161.83
	占比/%	19.40	22.06	24.49	24.21	25.51	21.14	20.23
东盟	出口额	81.42	45.80	47.07	49.84	56.54	52.63	72.97
	占比/%	14.75	11.25	11.05	9.70	10.51	8.70	9.12
中国香港	出口额	42.89	39.52	16.09	21.48	28.41	62.21	112.97
	占比/%	7.77	9.71	3.78	4.18	5.28	10.28	14.12
韩国	出口额	22.57	16.71	20.28	26.70	28.78	20.92	21.93
	占比/%	4.09	4.11	4.76	5.20	5.35	3.46	2.74
日本	出口额	12.21	11.10	12.94	14.29	19.96	23.59	23.19
	占比/%	2.21	2.73	3.04	2.78	3.71	3.90	2.90
印度	出口额	15.45	10.97	11.42	15.60	16.36	18.97	31.42
	占比/%	2.80	2.70	2.68	3.04	3.04	3.13	3.93

数据来源：根据 2016—2022 年《重庆统计年鉴》整理。

4.1.6　服务贸易发展较快，一直处于逆差状态

重庆服务贸易起步较晚，近年来，服务贸易呈快速增长趋势。如表4-6 所示，2012 年重庆服务贸易总额为 81 亿美元，到 2018 年增加至 315 亿

美元，年均增长 26.4%。重庆服务贸易额占全国服务贸易总额的比重逐年提升，由 2011 年的 1.36% 上升至 2018 年的 3.98%，在全国服务贸易发展体系中的位置不断提高。根据重庆市商务委员会公布的数据，2019 年重庆市服务贸易额 98.27 亿美元，2021 年增长至 113.7 亿美元，受新冠病毒感染及外部环境影响，服务贸易额相比之前有明显下降，但近年逐渐回升。重庆不断优化的政策环境、不断完善的服务环境和不断成熟的配套资源，吸引了众多知名服务贸易和服务外包企业来渝发展。微软、思科、富士康等世界 500 强在渝设立研发中心，大龙网、猪八戒网、先特呼叫中心等一批本土企业迅速成长。重庆服务贸易（外包）企业主体规模不断扩大，大大促进了重庆服务贸易的发展。

虽然重庆服务贸易总额总体上在增加，但是整体规模较小。2012—2013 年，重庆服务贸易额在全国的占比低于 2%；2014—2015 两年占比有所提升，但也不足 3%。2017 年，重庆服务贸易总额为 261 亿美元，在全国的占比提升至 3.75%，而同期上海、北京的服务贸易额分别为 1 954.70 亿美元和 1 434.26 亿美元，在全国的占比分别为 28.08% 和 20.61%，重庆服务贸易规模相比上海、北京差距较大。2017 年，重庆服务贸易中旅行、运输及工程承包三大传统行业合计 92.1 亿美元，占重庆服务贸易总额的 35%，持续平稳增长。保险、金融、计算机信息服务、知识产权等现代新兴服务贸易成为主要增长动力。服务外包执行额 21.3 亿美元，同比增长 4%。其中知识流程外包（KPO）13.4 亿美元，业务流程外包（BPO）3.5 亿美元，信息技术外包（ITO）4.4 亿美元，占比分别为 62.91%、16.43% 和 20.66%。除工业设计、工程外包外，软件研发开发及技术服务、医药和生物技术研发和供应链管理成长为新的增长点。

2019—2021 年，重庆服务贸易额在全国的占比都不到 1.5%，占比较之前有所下降。长期以来，重庆服务出口小于服务进口，服务贸易逆差呈扩大趋势，逆差从 2014 年的 15 亿美元增加至 2018 年的 58 亿美元。2018—2021 年逆差逐渐下降，说明近年来重庆服务贸易竞争力有所提升。

表 4-6　2012—2021 年重庆服务贸易发展情况

金额单位：亿美元

年份	服务贸易 总额	服务 出口额	服务 进口额	服务贸易 差额	服务贸易 全国占比/%
2012	81. 2	27. 6	53. 6	−26	1. 68
2013	105	42	63	−21	1. 96
2014	131	58	73	−15	2. 02
2015	172	77	95	−18	2. 64
2016	207	92	115	−23	3. 15
2017	261	108	153	−45	3. 75
2018	315	128. 5	186. 5	−58	3. 98
2019	98. 27	33. 93	64. 34	−30. 41	1. 25
2020	97. 64	40. 21	57. 43	−17. 22	1. 48
2021	113. 7	51. 2	62. 5	−11. 3	1. 38

数据来源：重庆市商务委员会。

4.2　重庆能源消费及碳排放情况

重庆工业产值的增加很大程度上是建立在大量消耗能源的基础上的，因而能源消费结构对碳排放具有相当大的影响。重庆出口贸易产生的碳排放主要是在一次能源燃烧的过程中产生的，因而研究低碳经济背景下重庆外贸的转型升级，有必要先研究重庆的能源消费情况。

4.2.1　能源消费情况

4.2.1.1　能源消费结构

伴随经济持续增长，重庆能源消费总量也大幅增加。如表 4-7 所示，2012 年重庆市的能源消费总量为 5 834.84 万吨标准煤，2021 年的能源消费总量为 8 046.31 万吨标准煤，10 年增长到原来的近 1.4 倍，年均增长 3.6%。

重庆市的能源消费结构长期以煤炭为主。如图 4-3 所示，2012—2021

年，虽然重庆市煤炭消费占能源消费的比重呈逐年下降趋势，由 2012 年的 61.08% 下降至 2021 年的 49.50%，但每年的消费量基本维持在 4 000 万吨标准煤，常年保持着能源消费主力军的地位。

相对于煤炭而言，天然气更环保一些。从总体上来看，重庆天然气消耗呈现上升趋势，从 2012 年的 810.1 万吨标准煤到 2021 年的 1 756.7 万吨标准煤，年均增长 9%。2012 年天然气消耗占比为 13.88%，2013 年消耗占比略微下降，为 13.23%。2013 年之后，重庆天然气消耗占比逐年上升，2021 年达到 21.83%。由此可见天然气在重庆能源结构中的重要地位。

2012—2021 年，重庆石油消耗量总体稳步增加，从 2012 年的 801.63 万吨标准煤增长至 2021 年的 1 406.51 万吨标准煤，年均增长 6.4%。石油消耗量占比由 2012 年的 13.74% 上升到 2021 年的 17.48%（2019 年占比最高，为 18.65%）。消耗占比先上升后略有下降。重庆市经济发展水平的提高带来了人均可支配收入的增加，人们对私家车的购买力增强，一定程度上导致了石油消耗量增加。在目前的能源消费中，重庆市整体在石油消费上比例较低，但近些年已有在波动中逐步上升的态势，消费占比为 17% 左右。

一次电力及其他能源的消耗在重庆能源消费结构中占比较低，总体在 10%～16% 的范围内波动。其中，2013 年占比最低（9.28%），2016 年占比最高（16.42%）。2012 年重庆电力消费量为 659.15 万吨标准煤，2021 年其消费量为 899.8 万吨标准煤，2016 年消费量最高为 1 165.57 万吨标准煤。

可以看出，重庆市能源消耗以煤炭为主，经济的发展对煤炭的依赖性很强。重庆经济的发展主要靠煤炭资源的拉动，煤炭的大量消耗也是造成重庆高碳排放的原因。因此，重庆的能源消费结构有待进一步转化调整，增加绿色新能源的使用，以促进经济的可持续发展。针对重庆目前的能源消费情况，政府应出台相关政策，鼓励并倡导清洁能源的消费，对使用清洁能源的企业实行奖励机制，从而改善目前的能源消费结构，减少碳排放量。

表 4-7　2012—2021 年重庆能源消费情况

单位：万吨标准煤

年份	能源消费总量	煤炭		天然气		石油		一次电力及其他能源	
		消费量	占比/%	消费量	占比/%	消费量	占比/%	消费量	占比/%
2012	5 834.84	3 563.96	61.08	810.10	13.88	801.63	13.74	659.15	11.30
2013	6 225.92	3 935.09	63.20	823.92	13.23	889.18	14.28	577.72	9.28
2014	6 603.61	3 983.97	60.33	937.46	14.20	887.81	13.44	794.37	12.03
2015	6 924.77	3 994.40	57.68	1 008.76	14.57	999.15	14.43	922.46	13.32
2016	7 099.71	3 830.26	53.95	1 019.61	14.36	1 084.27	15.27	1 165.57	16.42
2017	7 251.59	3 899.16	53.77	1 087.18	14.99	1 139.04	15.71	1 126.20	15.53
2018	7 452.72	4 050.94	54.36	1 323.39	17.76	1 347.72	18.08	730.66	9.80
2019	7 687.25	4 062.09	52.84	1 376.68	17.91	1 433.92	18.65	814.56	10.60
2020	7 621.87	3 930.98	51.58	1 397.16	18.33	1 404.82	18.43	888.92	11.66
2021	8 046.31	3 983.30	49.50	1 756.70	21.83	1 406.51	17.48	899.80	11.18

数据来源：根据 2013—2022 年《重庆统计年鉴》数据整理。

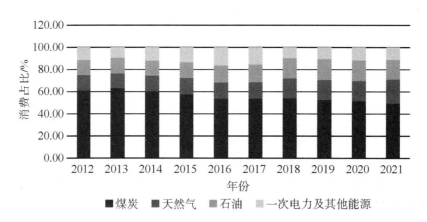

图 4-3　2012—2021 年重庆能源消费结构

数据来源：根据 2013—2022 年《重庆统计年鉴》数据整理。

4.2.1.2　能源消费弹性系数

能源消费弹性系数是能直接反映能源消耗数量增长与国民经济增长密切相关的重要指标。一般情况下，如果能源消费弹性系数大于 1，说明能源的消费增长速度快于经济增长速度，也就意味着经济增长对能源需求的依赖程度越大；反之，能源消费弹性系数小于 1，则意味着经济增长所消耗的能源相对较少。图4-4反映了2012—2021年重庆及全国能源弹性消费系数的变化情况。从图4-4中可以看出，重庆能源消费弹性系数均小于1，即2012—2021年这十年间能源的消费增长速度低于经济的增长速度。这十年间，重庆能源消费弹性系数呈波浪式变动，2012—2019年弹性系数主要在0.3~0.6之间波动，2020年能源消费呈负增长，2021年能源消费增长有所提升。对比同一时期全国的能源消费弹性系数，可以看出，2019年之前，除了个别年份之外，重庆能源消费弹性系数基本都高于全国平均水平，2020年和2021年都低于全国平均水平。特别是2020年，重庆的能源消费系数是负数。2012—2021年重庆能源消费弹性系数的变化说明重庆经济增长对能源的依赖程度高低随时间有变化，但依赖程度相对还是比较高的。这也能从一定程度上反映重庆在产业节能减排、促进经济绿色发展方面做出的努力。

图4-4 2012—2021年重庆与全国能源消费弹性系数对比

数据来源：2013—2022年《重庆统计年鉴》及《中国统计年鉴》。

4.2.2 重庆碳排放情况

4.2.2.1 碳排放规模

直辖以来，重庆经济和出口贸易快速发展，各行业消耗的能源资源日益增加，直接导致了碳排放总量的增加。目前中央及各省市没有关于碳排放的官方直接监测数据，因此对于碳排放的测算研究是通过对能源消费量的测算而得出的结果。根据联合国政府间气候变化专门委员会（IPCC）的报告，目前各国二氧化碳的排放主要由燃烧化石燃料引起，因此对碳排放量的研究测算数据，都是根据对各种能源消费量乘以各自的碳排放系数加总得来的。重庆市碳排放总量同样可以通过这种方法得出，即各种能源消费总量乘以碳排放系数，再对其加和求总得到，计算公式如下：

$$C_t = \sum_{i=1}^{n} E_{it} \lambda_i \qquad (4-1)$$

在式（4-1）中，C_t 表示第 t 年重庆市的碳排放总量，E_{it} 为第 t 年第 i 种能源的消费量（折算成标准煤），λ_i 表示第 i 种能源折算成标准煤后的碳排放系。根据 IPCC 的假定，某种能源的碳排放系数可以认为是不变的。各种能源折算成标准煤的系数及二氧化碳排放系数如表 4-8 所示。

表 4-8　各种能源折算成标准煤的系数及二氧化碳排放系数

能源种类	折算成标准煤系数 ／（千克标煤·千克$^{-1}$）	二氧化碳排放系数 ／（吨·吨标煤$^{-1}$）
煤炭	0.714 3	2.790 5
天然气	1.330 0	1.642 1
原油	1.428 6	2.146 5
电力	0.122 9	8.115 1

注：二氧化碳排放系数根据 IPCC 换算得到。

根据重庆市各年统计年鉴数据资料，估算出重庆消费各类能源的碳排放量、碳排放总量等数据。如表 4-9 所示，2012—2021 年期间，重庆市碳排放总量整体呈逐年递增趋势，除 2018 年同比稍有下降之外，其余年份都是正增长。2012 年重庆市的碳排放总量为 18 345.23 万吨，到 2021 年增加到 24 321.12 万吨，增长到原来的近 1.33 倍，年平均增长率为 3.18%。其中 2012 年、2014 年和 2016 年这三年的碳排放量同比增长较快，分别为 9.78%、10.98% 和 7.65%。

从消耗各类能源的碳排放量来看（如表 4-9、图 4-5 所示），2012—2021 年，重庆市消耗煤炭引起的碳排放量最高，年排放量在 11 000 万吨左右波动，在总碳排放中的比重由 2012 年的 54.21% 降至 2021 年的 45.70%。其次是一次电力及其他能源产生的碳排放量，从 2013 年的 5 349.04 万吨增长至 2016 年的 9 458.71 万吨，2018 年降至 5 929.38 万吨，此后逐年增长，2021 年为 7 301.97 万吨，在总碳排放中的比重除了 2016 年、2017 年两年接近 40%，其余年份都在 30% 左右波动。再次是油料的碳排放量，从

2012 年 1 720.70 万吨逐年增长至 2021 年的 3 019.07 万吨,在总碳排放中的比重由 9.38% 上升至 12.41%。碳排放量及排放占比最低的是天然气,其碳排放量 2012 年为 1 330.27 万吨,2021 年增加至 2 884.68 万吨,碳排放量逐年提升,占比从 2012 年的 7.25% 上升至 2021 年的 11.86% 的。可见,重庆市主要能源消耗以煤炭为主,煤炭消耗引起的碳排放量占碳排放总量的占比最高,但占比总体呈下降趋势。同时天然气等清洁能源的使用也在逐年增加,说明重庆正在加大对清洁能源的使用。但是清洁能源的占比仍较低,因此重庆在之后的低碳经济发展过程中,要控制好煤炭的使用量,加大对天然气和其他清洁能源的使用量,多多推广新能源技术。

4.2.2.2 碳排放强度

碳排放强度是指每单位国民生产总值的增长所带来的二氧化碳排放量,该指标主要是用来衡量一国(地区)经济同碳排放量之间的关系。由表 4-9 可以看出,2012 年重庆市的碳排放强度为 1.58 吨/万元,2021 年降至 0.87 吨/万元。2012—2021 年重庆市的二氧化碳排放强度呈现不断下降的趋势,但出现这一现象并不是重庆碳排放量的下降导致的,直接的原因是重庆市的 GDP 增速较快,而二氧化碳排放量的增长速度要慢一些。因此碳排放强度的下降并不能说明重庆的经济发展模式已走向低碳化。2010 年以后,重庆的碳排放强度低于 2 吨/万元,但下降幅度仍不明显。这一现状是由粗放的经济增长方式决定的——大量基础设施工程的投建以及重工业的不断扩张,必然导致碳排放量大幅上升,同时能源使用效率低下,碳排放强度的下降速度也必然缓慢。

表 4-9 2012—2021 年重庆碳排放情况

年份	碳排放总量/万吨	增长率/%	煤炭碳排放量/万吨	天然气碳排放量/万吨	油料碳排放量/万吨	一次电力及其他能源碳排放量/万吨	地区生产总值/亿元	碳排放强度/(吨·万元⁻¹)
2012	18 345.23	9.78	9 945.22	1 330.27	1 720.70	5 349.04	11 595.37	1.58
2013	18 930.74	3.19	10 980.88	1 352.97	1 908.63	4 688.26	13 027.6	1.45
2014	21 008.74	10.98	11 117.28	1 539.41	1 905.67	6 446.38	14 623.78	1.44
2015	22 433.38	6.78	11 146.36	1 656.49	2 144.68	7 485.85	16 040.54	1.40
2016	24 148.74	7.65	10 688.34	1 674.30	2 327.39	9 458.71	18 023.04	1.34
2017	24 250.07	0.42	10 880.60	1 785.26	2 444.96	9 139.25	20 066.29	1.21
2018	22 299.57	-8.04	11 304.16	2 173.14	2 892.89	5 929.38	21 588.8	1.03

表4-9(续)

年份	碳排放总量/万吨	增长率/%	煤炭碳排放量/万吨	天然气碳排放量/万吨	油料碳排放量/万吨	一次电力及其他能源碳排放量/万吨	地区生产总值/亿元	碳排放强度/(吨·万元⁻¹)
2019	23 284.06	4.41	11 335.26	2 260.65	3 077.91	6 610.24	23 605.77	1.00
2020	23 492.79	0.90	10 969.39	2 294.27	3 015.44	7 213.69	25 041.43	0.94
2021	24 321.12	3.53	11 115.40	2 884.68	3 019.07	7 301.97	27 894.02	0.87

数据来源：根据 2013—2022 年《重庆统计年鉴》数据计算整理。

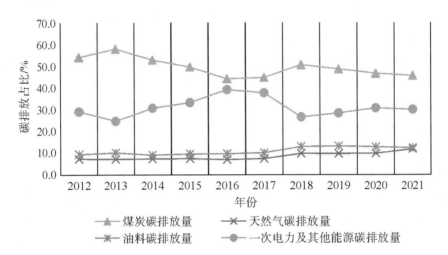

图 4-5　2012—2021 年重庆主要能源消耗碳排放量占比

数据来源：根据 2013—2022 年《重庆统计年鉴》数据计算整理。

4.3　本章小结

本章主要论述了重庆对外贸易发展现状、能源消费现状和碳排放现状。

从重庆对外贸易发展情况来看，中国加入 WTO 以来，重庆对外贸易规模不断扩大，外贸持续顺差，外贸形势持续向好，内陆开放高地建设成效显著。重庆高附加值、高技术含量的出口商品比重不断提升，出口商品结构在逐步优化。重庆贸易方式多元化发展明显，出口加工贸易呈现迅猛发展的势头。外贸经营主体多元化，民营企业进出口活跃，形成了以国有企业、民营企业和外资企业为主体、多种所有制经济并进的新局面。重庆贸易伙伴对象多元化，出口市场比较集中，出口商品主要销往美国、欧盟以及亚洲一些国家和地区。重庆服务贸易总额逐年增加，但是整体规模较小，且长期处于逆差状态。

从能源消费方面看，2012—2021 年，重庆能源消费总量一直在增加且呈现逐年上升的趋势，2021 年能源消耗总量是 2012 年的 1.4 倍。在能源消费结构方面，主要消耗的能源是煤炭、油料和天然气，以及一次电力及其他能源。其中以煤炭消耗量最大，在 2012—2021 年期间，煤炭消耗量占能源消耗总量最高为 63%，最少为 49.5%。总体上看，煤炭消耗占比呈现下降趋势，石油、天然气消耗占比呈现上升趋势，但煤炭消耗仍占据主导地位。重庆经济增长对能源的依赖程度高低随时间有变化，但依赖程度相对还是比较高的。

从碳排放情况来看，2012—2021 年，重庆碳排放总量呈逐年递增趋势，排放强度呈现不断下降的趋势。重庆主要能源消耗以煤炭为主，煤炭消耗引起的碳排放量占碳排放总量的比例最高，但占比呈下降趋势。同时，天然气等清洁能源的使用也在逐年增加，说明重庆正在加大对清洁能源的使用。

第 5 章　低碳经济背景下重庆外贸发展面临的机遇与挑战

低碳经济是时代发展的潮流，是持续发展的需要，是不可回避、只能顺应的客观存在。低碳经济的这种发展潮流和客观存在，对重庆乃至对全国的对外贸易发展，其实都是一把双刃剑——它带来的既有机遇，更有挑战。

5.1　低碳经济为重庆外贸发展带来的机遇

5.1.1　低碳经济为重庆外贸发展带来了新的市场需求

一是绿色产品需求将进一步增加。随着全球公众对环境保护和气候变化的日益关注，绿色低碳的发展模式越来越受到重视。这种绿色发展的需求，必然会促使企业，特别是出口企业，在生态设计、低碳工艺、绿色低碳产品、绿色供应链等方面更为重视，进而带来巨大的市场空间。作为传统制造业重镇，重庆已经将环保产业列入十大战略性新兴产业，"绿色产品"的需求将被进一步刺激，"绿色经济"的产值必将持续增加。

二是新能源领域出口机会将进一步增加。重庆作为西南地区的老工业基地，在汽车、摩托车等领域具有较大优势。新能源汽车行业的发展已经且必将进一步给重庆绿色能源领域的对外贸易带来新的机遇。重庆政府依托中欧班列（渝新欧）、西部陆海新通道以及新能源汽车运输专列，搭建起高效的汽车出口渠道。2021 年，重庆新能源汽车行业零售额同比增长1.2 倍，占全市限额以上汽车类商品的比重为 6.8%，较上年提高 3.3 个百分点。此外，重庆拥有丰富的水力、风力和太阳能资源，这为重庆打造清洁能源装备制造中心提供了得天独厚的条件，发展空间巨大。2021年，重庆规模以上工业企业风电、太阳能等清洁能源发电量分别比上年增长57.4%和11.7%，这表明重庆市在绿色能源领域的生产和出口有着显著的增长潜力。

三是服务业的绿色转型机会将进一步增加。随着"碳达峰""碳中和"的目标推进，中国的第三产业出口竞争力将进一步提升。重庆市政府已经发布了《重庆市现代服务业发展计划（2019—2022年）》，提出了推进工业绿色升级、加快农业绿色发展、提高服务业绿色发展水平、壮大绿色环保产业等一系列措施，以促进服务业的绿色发展。例如，将"绿色+"融入生产性服务业全过程，打造以金融、物流、软件和信息服务、科技研发服务为主导的生产性服务业产业集群；围绕绿色化、智能化和融合化方向，打造以特色商贸、特色文旅、健康服务为优势的生活性服务业产业集群等，必将拉动绿色转型后的服务业进出口增长。

四是绿色物流和回收利用的需求将进一步增加。低碳经济的发展要求，催生出的打造绿色物流、加强再生资源回收利用、建立绿色贸易体系等工作任务，正在也必将进一步推动运输结构和运输组织模式不断调整优化。重庆市政府正在推广环境污染第三方治理，培育一批系统设计、设备成套、工程施工、调试运行、运营管理一体化的大型综合环保服务企业。重庆在绿色物流方面已经在快速发力。根据菜鸟公布的数据显示，重庆位居绿色物流减碳大省排行榜前列。

五是绿色金融服务的需求将进一步增加。重庆市政府已经发布了《重庆市金融改革发展"十四五"规划（2021—2025年）》（见附录A），提出了一系列措施用以促进金融业的绿色发展，包括推进绿色金融创新、加强绿色金融监管、提高绿色金融服务水平等。其中，强调将"绿色+"融入金融业全过程，打造以绿色金融为主导的现代服务业产业集群。重庆市住房和城乡建设委员会还印发了绿色建筑产业与绿色金融协同发展工作试点方案，探索创新绿色金融支持建筑行业绿色发展的体制机制。重庆还将进一步推出绿色金融工具，如绿色信贷、绿色债券等，支持出口企业的低碳转型，重庆绿色金融服务的发展空间还非常广阔。

总之，低碳经济的发展将为重庆带来新的外贸市场需求和机遇，有助于推动重庆外贸实体经济新动能的进一步增强。

5.1.2 低碳经济为优化重庆外贸出口结构创造了新机遇

首先，低碳经济为加大节能环保产品的出口创造了新机遇。目前，重庆出口贸易以工业制成品的出口为主，占重庆外贸出口的98%以上。工业制成品出口是造成重庆贸易碳排放处于高水平的主要原因之一。与2007年相比，2021年重庆资源密集型工业制成品的出口规模仍在攀升，但份额已明显下降。这一变化显示重庆已开始加强对稀缺资源的保护力度，不再将重点放在以资源去交换低经济增长这一贸易模式。低碳经济模式促使企业采取节能减排措施，为重庆企业生产和出口各种节能环保产品提供了新机遇。例如，通过推广新能源汽车的生产和出口，可以减少传统燃油汽车的使用，从而减少车辆尾气排放，改善空气质量。此外，重庆还可以加强对节能家电、节水设备等节能环保产品的研发和生产，满足全球市场对这些产品日益增长的需求。重庆资本和技术密集型产品如汽车、笔记本电脑、智能穿戴设备的出口份额近几年来也有显著提高。

其次，低碳经济为推动重庆智能制造产品的出口创造了新机遇。低碳经济发展需要借助信息技术和智能制造技术来提高能源利用效率和产品质量。重庆智能终端产业早在2020年就完成出口交货值3 176.3亿元，较2015年增长约1倍，对全市工业出口交货值增长贡献率为52.9%。这说明智能终端产业已经成为重庆外贸出口的新动力。2021年重庆的电子信息产品出口值比2012年增加2 834.54亿元，年均增长16.9%，占全市出口值比重由2012年的38.0%提高至72.7%。这表明电子信息产业已经成为重庆外贸出口的重要支柱，并且增长势头强劲。重庆正在努力成为全球最大的笔记本电脑生产基地之一，并计划到2025年产业总产值达到6 000亿元。这将进一步提升重庆在全球智能制造领域的影响力和竞争力。低碳经济的发展为重庆智能制造产品的出口增长提供了广阔的市场空间和良好的发展环境。

最后，低碳经济为促进重庆服务贸易的出口增长创造了新机遇。相对于货物贸易而言，服务贸易具有附加值高、资源消耗低、解决就业多、贸易摩擦少等特点，且不在发达国家征收碳关税的范围之内，完全符合经济可持续发展和经济社会协调发展的要求。但就从对外服务贸易的产业结构上看，重庆的对外服务贸易主要集中在物流运输等传统服务贸易领域，计算机服务、金融、保险等现代服务贸易比重还较低。因此，从重庆目前经济发展阶段和发展过程中的诸多特点来看，完成出口产品结构多元化和高级化的转变还有一个比较痛苦的"凤凰涅槃"的过程。随着全球对环境保护和气候变化的日益关注，低碳经济的发展为重庆服务贸易的出口增长提供了广阔的市场空间和良好的发展环境。比如，重庆市政府正在加快建立健全绿色低碳循环发展经济体系，其中包括要大力发展文化产业和文化市场，推动文化产品和服务出口，这就为重庆的文化服务出口创造了新的机遇。又如，重庆市政府也在积极推动旅游业的发展，包括打造国际旅游目的地、推进旅游与文化、体育、健康、养老等产业融合发展，这也必将为拉动重庆旅游服务出口创造新的更大更多的机遇。

总之，要适应低碳经济的潮流，重庆对外贸易出口结构必须逐步走向结构多元化和产品高级化，特别是要加大服务贸易包括技术贸易在内的无形商品的出口。这种倒逼，从某种程度上说，既是现行压力，更是未来机遇。

5.1.3　低碳经济为重庆出口企业技术创新和升级提供了新动能

技术是低碳经济实施的保证。作为低碳经济的核心，低碳能源技术包含了新能源开采利用技术、化石能源高效利用技术、碳排放控制和处理技术以及节能减排技术。近年来，特别是以《巴黎协定》为标志，全球低碳转型进入加速发展的新阶段。对于出口企业来说，低碳发展已经成为新一轮国际经济、技术和贸易竞争的高地，必须逼迫重庆出口企业自觉不自觉地加强技术创新和升级。重庆市政府正在加快建立健全绿色低碳循环经济体系的实施意见，其中包括要大力发展战略性新兴产业和高技术产业，推动数字经济的发展，以及提高非化石能源的消费比例等。这些政策的实施，为出口企业的技术创新和升级既提供了方向指引，又提供了政策支持。重庆市还在加快建设四大科创高地的创新平台体系，以提升科技创新能力。这种创新平台的建设，为出口企业的技术创新和升级提供重要的支撑。低碳经济的发展要求，也必然引导重庆企业更多地投资那些能耗低、污染少的产业，使重庆出口企业向出口低碳型方向发展。传统的出口企业必须适应低碳经济发展的新趋势，调整外贸策略以适应新的国际市场需求，生产出适销对路的产品。重庆的部分出口企业围绕低碳经济发展开展自主创新，已有多项科研成果荣获国家技术发明奖，为重庆打好污染防治攻坚战、推动绿色发展做出了贡献。随着国内外绿色标准的提高，绿色和低碳的产品将更具竞争力，绿色和低碳的企业也会更受到鼓励，而高排放、高污染、高能耗的企业无论在生产还是出口中都将受到更多的约束。这必将为出口企业的技术创新和升级提供源源不断的新动能。同时，伴随着低碳经济发展的要求和经济社会的大转型，一批越来越适应时代要求的新兴绿色低碳企业将被催生出来，进一步带动绿色低碳相关技术、设备和服务的升级发展，前景广阔。

重庆出口企业对欧、美、日、韩四大传统市场的依赖程度较高，几乎占到重庆对外贸易总额的近60%。而提出征收碳关税及实施低碳标准的主要就是欧美等发达国家。这些发达国家对碳关税的征收以及低碳标准的实施，在一定程度上会进一步刺激重庆出口企业采用先进的低碳技术，开发和使用新能源来减少碳排放。对重庆出口企业而言，开拓新的国际市场，实施市场多元化的主要途径就是要在稳定和扩大四大传统市场份额的基础上，积极开拓共建"一带一路"国家市场，努力发展拉丁美洲、非洲和大洋洲市场，建立以"市场多元化"为特征的全球出口市场体系。此外，研发先进的低碳技术，进一步提升重庆产业整体技术水平和竞争实力，带动出口商品技术含量的提高，进而增加产品的附加值，提高企业的竞争力，也是重庆出口企业长远发展的最佳选择。

总之，低碳经济为重庆出口企业提供了技术创新和升级的重要机会，通过提升能源效率、开发清洁能源、改进产品设计和开展循环经济，企业可以实现可持续发展，提高竞争力，在国际市场上获得更大的市场份额，创造新的增长点。

5.1.4 低碳经济为重庆与其他国家和地区的技术交流与合作开辟了新空间

从全球视野看，随着低碳经济的发展，世界各国都在积极探索绿色发展的路径，互联网、物联网等新兴技术也为各国之间的合作提供了更多的可能性。重庆在国内外享有较高的知名度和影响力。通过积极推动低碳经济的发展，重庆可以提升城市的国际关注度和影响力，进而通过与其他国家和地区的合作，在环保技术、节能技术、新能源等领域进行技术交流和合作，共同解决环境问题和促进低碳发展。重庆市政府于2021年印发了《重庆市人民政府关于加快建立健全绿色低碳循环经济体系的实施意见》（见附录B），该政策的出台为重庆与其他国家和地区开展技术交流与合作提供了政策支持和指导。

从区域合作看，低碳经济的发展为成渝地区双城经济圈的技术交流与合作开辟了新空间。比如，依托西部（重庆）科学城、两江协同创新区、广阳湾智创生态城和西部（成都）科学城、中国（绵阳）科技城等重要科研机构，支持成渝两地的高校和科研院所在节能降碳、减污降碳、生态碳汇等领域进行深度合作。同时，川渝两地重点布局了诸如三峡生态环境、碳捕集与利用等技术创新中心和创新平台；成功举办了一系列的"成渝双城·双碳论坛"。川渝两地还将推动乡村绿色低碳产业协同发展，打造绿色低碳制造业集群。其中，包括传统产业绿色化升级改造，重点打造一批龙头低碳企业；以成都—内江—重庆发展轴为重点，共同打造成渝氢走廊，优化川渝地区氢能及燃料电池汽车产业链，联合争创国家氢燃料电池汽车示范城市群；提升节能环保产业能级，共同打造具有国际竞争力的清洁能源装备产业，形成一批"川渝造"世界品牌。通过加强"碳惠通""碳惠天府"等普惠机制的推广应用和互认对接，进一步推动成渝地区加强绿色能源、工业节能降碳、碳捕集利用与封存、低碳建筑、绿色智慧交通、废弃物综合利用、生态碳汇等重点领域关键核心技术攻关协作等。

综上所述，低碳经济的发展为重庆与其他国家和地区开展技术交流与合作开辟了新的空间和前景。这种交流与合作不仅有助于推动全球的低碳发展，也必将有助于重庆对外贸易的结构优化。

5.2 低碳经济给重庆外贸发展带来的挑战

5.2.1 对外出口在一定时期和一定程度上受限或受阻

虽然重庆外贸多元市场环境逐步形成，也在积极开拓新兴市场，与越来越多的国家有外贸联系，但从全市出口总体范围来看，欧、美、日、韩这四大传统出口市场的出口总额还是占重庆贸易总出口额的一半以上，而这些国家都是对环境要求较高、环保技术较领先的经济体。这些国家从20世纪70年代就开始关注环境污染问题，凭借雄厚的经济基础和先进的生产力发展水平大力发展低碳环保产业，这些国家的消费者对商品和服务的质量要求也比发展中国家的消费者更为严格。早在2009年6月22日，美国众议院就通过了《美国清洁能源安全法案》，规定在美国没有加入相关国际多边协议的条件下，赋予美国总统从 2020 年起对来自包括中国在内的未采取措施减排温室气体的国家生产的钢铁、水泥、玻璃、纸张等高污染产品采取"边境调节"措施的权利。

根据世界银行的研究报告，如果碳关税全面实施，"中国制造"在国际市场上可能面临平均 26% 的关税，出口量下滑约 21%。特别是金融危机之后，全球经济处于低度景气之中，基于保护本国市场、刺激经济回升的考虑，许多发达国家更加积极地推行与低碳相关的贸易制度，以环境为借口设置门槛抵制外来商品的竞争，站在低碳经济的道德制高点上实行贸易保护主义。由于碳关税的征收对象、征收的税额税率目前还缺乏权威统一的标准，这就使得发达国家可能为了自身的利益推出适合本国出口的原则，制定复杂苛刻的环境标准，对来自其他国家和地区的产品设置障碍，包括碳税、碳标签、碳排放限制、绿色技术标准、绿色卫生检疫等。这些环境壁垒使得一些高碳排放的产品在国际市场上的竞争地位下降，出口受到限制。重庆的机电设备、纺织服装、农产品以及各种矿产品等重要出口商品，都在受限之列。

除了国际市场对产品和服务的需求变化和发达国家提高环保标准、设置绿色贸易壁垒之外，重庆出口企业还可能面对更多的技术壁垒和技术转让要求压力。具体来说，低碳经济需要依赖一些关键技术和核心装备，这些技术目前大多掌握在少数先进国家和地区手中。重庆作为我国内陆开放高地，如果不能及时跟上这些技术的发展步伐，出现技术瓶颈问题，就会影响外贸出口结构，并在一定程度上限制对外贸易的发展。低碳经济所催生的新一轮技术革命也将推动国际技术转让的竞争与合作态势。对于重庆的企业来说，这意味着需要进行技术创新和产品升级，其中涉及生产流程、产品设计等多方面的改变。在这个过程中，企业的研发投入和技术积累将成为关键因素。如果重庆的出口企业不能及时跟上低碳经济的发展步伐，不能适应这种竞争和合作的态势，就会在对外贸易过程中遇到一些阻碍和困难。而要解决这些技术瓶颈问题，除了通过国际合作等方式引进先进的低碳技术外，还需要企业加大科技创新力度，提高自主研发能力，以提升自身的技术水平和竞争力。

5.2.2 重庆出口产品的成本增加、压力加大

根据《中国长期低碳发展战略与转型路径研究》报告预测，2020 年至

2050 年，我国能源系统需要新增投资约 100 万亿元，年度新增投资将占我国年度 GDP 的一定比例，这对企业的资本实力提出了更高的要求。特别是在重庆，要实现外贸的"绿色竞争力"，即在全球应对气候变化的背景下，取得在能源、工业、交通等产业领域的领先成果，以满足全球对低碳产品的需求，这无疑需要更大的资金投入。在低碳经济的背景下，重庆出口产品的成本增加将给出口企业带来不小的压力。主要体现在以下几个方面：

一是技术改造和更新成本增加。重庆作为西部地区的重要工业基地，其出口产品主要集中在机械、电子、化工等高能耗、高污染的行业。为了降低产品的碳排放，重庆的企业需要应对新的技术壁垒和技术引进障碍，在加强自主研发、技术创新和设备更新方面还需要大量的资金投入。这对于一些中小企业来说可能是一个比较严峻的挑战。

二是能源和原材料成本上升。出口贸易中的直接碳排放量在很大程度上取决于出口商品生产过程中的能源消耗。从重庆目前的能源消耗结构来看，2021 年重庆煤炭和油料的消费量占比将近 70%，而这些能源的碳排放系数又是各种能源中最高的，这直接导致重庆出口贸易的直接碳排放量逐年增加且居高不下。随着社会对环保的要求提高，一些高污染、高能耗的原材料和能源可能会被淘汰，而替代的环保型原材料和能源的成本相对较高。重庆的出口产品中，部分原材料和能源可能受到环保政策的影响而价格上涨，如煤炭、钢铁等。这将导致企业的生产成本上升，进而影响出口竞争力。

三是环保税和碳关税增加。节能减排、发展低碳经济意味着必须对目前高消耗、高排放的工业制造业采取关停或者实施更加严格的消耗和排放规定。随着全球减排压力的增加，一些国家和地区可能会对出口产品开征资源税、环保税或碳排放税等，这对于重庆的出口企业来说，意味着它们需要承担更高的税收负担，进而影响出口利润。

四是产品认证和标准提升。为了满足低碳经济的要求，重庆的出口企业需要对其产品进行严格的认证和标准提升，并在技术研发和产品设计方面进行创新，这些都将增加企业的运营和管理成本。比如，在出口商品包装方面，因为欧美发达国家对我国出口商品的木质包装实施了新的严苛的检验检疫标准，仅仅是木质包装熏蒸处理这一个环节，出口商品成本就将增加 20% 左右。

五是传统出口产品竞争优势减弱。随着低碳经济的发展，一些国家和地区可能会取消高排放产品的贸易优惠等，低碳产品的出口竞争优势将进一步增强。这将大大提高重庆传统出口产品的生产成本，削弱出口竞争力，限制重庆对外贸易的进一步发展。

六是国际物流运输周期较长。在钢铁、建材、电力、石化、有色金属、纺织等高碳产业部门，"碳足迹"遍布这些行业产品的新产品开发与规模生产、加工包装、储存输送以及商品交换、废物资源回收再处理等各个环节。重庆的出口产品需要远销海外，有较长的国际物流运输周期。这不仅增加了资金压力，还可能影响企业的交货时间和客户满意度。

总之，随着低碳经济的逐步深入发展，一些国家和地区对我国出口产品所设置的关税壁垒、技术壁垒、市场壁垒等，必然会使重庆出口企业的研发成本、生产成本、包装成本、流通成本、认证检验检疫成本等较大幅度提高，这就削弱了重庆原有的比较竞争优势，大大减少了出口企业的经济利润，经营管理的压力必然增加。

5.2.3　重庆对外贸易发展人才较为短缺

重庆对外贸易发展的整体增长势头还是比较强劲的。然而，随着外贸业务的不断扩展，人才短缺问题也逐渐凸显。重庆市政府已经意识到这一问题并采取了一系列措施，比如，制定了《重庆市推动外贸高质量发展三年行动计划（2022—2024年）》，将外贸人才短缺问题作为该计划落实需要重点考虑和解决的关键问题之一；同时，重庆市政府制定"外贸领军企业培育提升计划"，鼓励龙头企业通过海外并购、股权置换等方式整合海外资源，以及实施"引进人才"政策来吸引高端人才。但重庆目前的外贸人才储备仍然不能满足外贸高质量发展的需求，这主要体现在以下四个关键领域：

一是国际化经营能力人才较为短缺。目前，重庆正努力提升企业的国际化经营能力，并加强国际贸易合作和高端外贸人才引进。然而，由于历史原因和地域特性，与沿海发达地区相比较，重庆的外贸企业在全球布局、跨文化交流等方面的经验相对较少，具有国际视野和国际化经营能力的人才还比较短缺。现有的从事国际化经营的人员也亟须进一步提升能力。

二是具有较强技术的技能人才比较欠缺。随着电子信息产品为主的高新技术产品出口值的快速增长，以及汽车、摩托车等产业的发展，对于相关领域的技术研发和市场营销等方面的人才需求也日益凸显。根据重庆市经济和信息化委员会编制发布的《重庆市制造业高质量发展人才需求目录（2023—2025）》，2022 年后的未来 3 年内，重庆市制造业领域的技能人才需求量还非常大，其中：汽车产业人才需求增量 4.36 万人，摩托车产业人才需求增量 0.67 万人，电子产业人才需求增量 7.72 万人，装备产业人才需求增量 1.68 万人，医药产业人才需求增量 0.96 万人，材料产业人才需求增量 1.36 万人，消费品产业人才需求增量 0.53 万人，能源产业人才需求减少量为 0.35 万人。特别是随着低碳经济的发展，对环保、节能、新能源等领域的技能技术人才需求日益增加。目前重庆在这些领域的技能技术人才储备还无法满足产业发展的需求。

三是具有内外贸一体化能力的人才短缺。随着《国务院办公厅关于促进内外贸一体化发展的意见》的推进，兼具内外贸业务的复合型人才将变得越来越重要。这类人才需要同时理解内贸和外贸的规则和特点，熟悉国内外贸易流程和行业知识，精通外语（尤其是英语）以便于与海外客户有效沟通，具备丰富的国内外市场开发经验，能够灵活应对各种复杂的业务场景。

四是适应新业态新模式的创新人才非常短缺。近年来，人工智能、大数据、物联网等新一代信息技术加速与实体经济深度结合，重塑了产业形态，对人才提出了更高的要求。加之创新驱动策略的实施，要求外贸人才不仅要精通业务，还要具备一定的创新思维和跨界整合能力。而这样的变化对人才培养的速度和质量都提出了挑战。特别是随着数字化贸易等新业态新模式的发展，外贸人才不仅需要具备丰富的贸易知识，还需要对新技术有深入的理解和掌握，有能力运用 5G、大数据、区块链、人工智能、AR、VR 等新技术推进贸易各环节。目前重庆还严重缺乏这样的人才。

5.2.4 重庆出口加工贸易产业将受到较大影响

重庆以两路果园港综合保税区和西永微电园综合保税区为龙头的出口加工贸易产业，在重庆进出口贸易中占有较为重要的地位。这是重庆抓住世界新一轮产业结构调整和资产优化重组的机遇，利用丰富廉价的劳动力资源和相对宽松的环境规制条件，通过招商引资奠定起来的出口加工贸易产业。但在整个制造业研发、设计、制造、仓储、运输、销售、服务等流程中，跨国公司转移的只是对零件或原辅材料的初级加工、装配和组装等环节，其他环节转移相对较少，造成我国高能耗加工制造环节的高度密集，自然导致了电力、油气、矿产等资源的巨大消耗。如果重庆市政府不能对加工贸易的扶持政策提供有力支撑，这将对重庆的加工贸易出口形成较大的冲击。主要表现在以下方面：

一是技术创新和产品升级压力增大。重庆作为西部地区的重要出口加工贸易基地，其企业面临着不断提高技术水平和产品质量的压力。为了适应低碳经济的发展要求，重庆的出口加工贸易企业需要加大研发投入和技术积累，降低能耗和排放。这对于出口加工贸易企业来说，意味着更高的生产成本和更大的经营压力。

二是环保法规风险增加。随着低碳经济的发展，各国政府对环保法规的执行越来越严格。如果重庆的出口加工贸易企业不能及时适应这些变化，可能会面临各种法律风险，甚至被罚款或被迫停产。

三是绿色转型投资挑战。为了提升绿色低碳发展水平，重庆的出口加工贸易企业需要进行节能、节水、清洁生产等绿色低碳改造。这些改造需要大量的资金投入，对于资金储备相对较弱的重庆出口加工贸易企业来说，也将是一个巨大的挑战。

四是品牌影响力和市场竞争力亟待提升。在低碳经济的背景下，消费者越来越注重产品的环保性能和绿色形象。因此，重庆的出口加工贸易企业非常需要加大品牌建设力度，提高自身的品牌知名度和美誉度，才可能在日益激烈的国际市场竞争中脱颖而出。

五是国内外低碳转型重塑贸易成本和市场环境影响。在全球加快推进碳中和的背景下，我国的内外低碳转型将深刻影响进出口规模和结构。这就需要重庆的出口加工贸易企业密切关注国内外政策的发展变化，及时调整经营策略，才能较为有效地应对潜在的市场风险。

5.2.5 重庆民营出口企业可能面临生存威胁

根据重庆市国民经济和社会发展统计公报，2021年重庆外商投资企业出口额为2 650.13亿元，比上年增长11.4%，占同期重庆外贸出口额的51.28%；重庆民营企业出口额为2 335.76亿元，比上年增长39.91%，占同期重庆外贸出口额的45.19%。可见，外商投资企业是重庆对外贸易中的主力军，但是民营企业发挥的作用也不可小觑，而且其外贸增长速度很快。

相对于有相关招商引资优惠政策、有较为雄厚的资金实力和先进技术的外资进出口贸易企业，重庆的民营出口企业在低碳经济发展背景下明显处于竞争弱势，甚至面临生存威胁。主要原因如下：

一是资金实力较弱。融资难和融资贵是民营企业普遍面临的挑战。虽然金融机构对民营企业的信贷投放加大、普惠金融定向降准政策进一步完善、贷款需求响应速度和审批时效提高等措施得到了企业的高度认可，但在实际操作中，民营企业融资难、融资贵的问题仍然存在。相较于外资企业、国有企业，在低碳经济的背景下，要投入大量资金进行技术升级、设备更新以及绿色转型等，使得民营企业，尤其是地处内陆的重庆民营出口企业，在应对低碳经济带来的挑战时面临更大的压力。

二是技术创新能力有限。尽管重庆民营企业 100 强的研发投入总额和拥有专利数都在增长，但与发达地区相比，民营企业由于技术研发资金有限，抵御外贸风险的能力较弱，生产与管理各个环节经验都相对缺乏，要想实现降低出口隐含碳排放量的目标，只有购买发达国家的先进技术。加之重庆的民营企业国际化发展水平相对较低，也限制了它们的技术创新能力。一旦主要的贸易伙伴对重庆企业出口产品征收碳关税，民营企业将失去原有的竞争优势，面对更大的生存威胁。

三是外贸人才储备不足。由于全球经济复苏存在不确定性，产业链供应链风险增多，贸易问题政治化倾向加剧，外需不足和单边主义等因素制约了企业的外贸发展，使得企业难以获取足够的业务增长来吸引和储备人才。加之汇率波动、原材料价格上涨以及部分地区招工难、用工贵等问题，也可能导致出口企业在外贸人力资源方面的挑战。在这样的大背景下，与大型企业相比，重庆的民营出口企业在外贸人才储备方面更是存在明显不足，在吸引和留住外贸人才方面都存在一定的困难。

四是品牌影响力较弱。尽管从数据上来看，2021 年重庆民营企业的进出口额为 3 493.96 亿元，占全市外贸进出口额的 43.67%，数量和规模都在增长，开展国际贸易的活力也在不断增强，但相较于外资企业和大型国企，重庆民营出口企业的品牌影响力还是较弱。在低碳经济的背景下，消费者越来越注重产品的环保性能和绿色形象，民营出口企业还需要进一步加大品牌建设力度和市场推广力度，进一步提高自身的品牌知名度和美誉度，才能在激烈的市场竞争中脱颖而出。

五是政策支持相对不足。虽然重庆市政府已经出台了一系列政策来支持民营企业加大技术改造力度和发展数字化经济，但是这些政策所提供的支持与这些企业在数字化转型和智能化升级方面所有支付的成本相比仍然差距较大。特别是在一些低碳经济领域和行业，民营出口企业的市场准入门槛较高，出口产品的产业链配套也相对薄弱，这使得民营出口企业在应对低碳经济带来的挑战时面临更大的压力。

5.3　本章小结

重庆具有丰富的自然资源和较低的碳排放水平，可以充分利用这一优势，加大对低碳产品的生产和出口力度。本章从为重庆外贸发展带来了新的市场需求、为优化重庆外贸出口结构创造了新机遇、为重庆出口企业技术创新和升级提供了新动能、为重庆与其他国家和地区的技术交流与合作开辟了新空间等四个方面，阐述了低碳经济为重庆对外贸易带来的巨大机遇。同时，又从对外出口在一定时期和一定程度上受限或受阻，重庆出口产品的成本增加、压力加大，重庆对外贸易发展人才较为短缺，重庆出口加工贸易产业将受到较大影响，重庆民营出口企业可能面临生存威胁等五个方面，阐述了低碳经济给重庆对外贸易带来的一些挑战。

机遇和挑战总是相伴相生。为了抓住机遇、应对挑战，重庆需要充分借鉴国外低碳经济的发展经验，加大对低碳经济的投入和支持力度，加强技术创新和人才培养，提高企业的竞争力和适应能力。只有这样，重庆才能在低碳经济的大潮中立于不败之地，实现可持续发展。

第6章 低碳经济背景下重庆外贸转型升级的影响因素分析

前面的相关理论部分阐述了低碳经济及外贸转型升级的理论基础，探讨了低碳经济对重庆外贸发展的影响。本章将研究低碳经济背景下影响重庆外贸转型升级的主要因素，并在理论分析的基础之上，对影响因素进行实证分析。

6.1 低碳经济背景下影响重庆外贸转型升级的主要因素

外贸转型升级的实质是通过外贸发展方式的转变，实现外贸竞争力的提升和附加值的增加。根据第2章有关低碳经济发展以及外贸转型升级的相关理论，借鉴以往学者的研究成果，结合重庆对外贸易发展的实际，本章归纳出低碳经济背景下影响重庆外贸转型升级的因素主要有技术进步、劳动力投入、资本投入、利用外资水平、低碳经济发展水平、相关及配套产业发展情况。

6.1.1 技术进步

技术进步是技术不断发展、完善和新技术不断代替旧技术的过程，主要表现为：①科学、技术、生产紧密结合，使科学技术、经济、社会协调发展；②不断采用新技术、新工艺、新设备、新材料，用先进的科学技术改造原有的生产技术和生产手段，设计和制造生产效率更高的新工具和新产品，使整个国民经济技术基础逐步转移到现代化的物质技术基础上来；③全面提高劳动者的道德素质和文化技术素质，不断开发人的智力，营造人才辈出、人尽其才的良好环境；④综合运用现代科技成果和手段，提高管理水平，合理组织生产力诸要素，实现国民经济结构和企业生产技术结构合理化①。根据外贸转型升级的相关理论——新经济增长理论，技术进步促进了国际贸易长期、稳定和快速的发展，是影响国际贸易及经济发展的一个重要因素。技术进步能够提高各国生产要素使用效率，是保持一个国家（地区）产品优势的基础，是一国（地区）对外贸易长足发展的强有力的基础和保障，它能改变一国（地区）对外贸易的产品结构，使其不断的优化升级，改变一国（地区）的产业结构及国际分工，提高对外贸易的市场竞争力和经济效益。技术进步对促进产品生产技术的创新和发展具有极其重要的作用，极大地提高了我国对外贸易的整体市场竞争力②。从上述分析可知，技术进步可以提高企业生产效率，提升产品附加值，加速外贸产业链由低端的加工装配向高端的产品研发升级，对重庆对外贸易结构转型升级有重要促进作用。

6.1.2 劳动力投入

劳动力是一个国家（地区）的基本生产要素。由要素禀赋理论可知，要素禀赋差异是一个国家（地区）比较优势形成的基础。劳动力要素禀赋状况对一个国家（地区）外贸比较优势的确立和相关产业的发展壮大有着重要的影响作用。重庆是我国人口最多的城市。根据重庆市第七次全国人口普查的数据统计，2020年末重庆市常住人口共3 205.42万人，与2010年第六次全国人口普查的2 884.62万人相比，增加320.80万人，增长11.12%，年平均增长率为1.06%，比2000年到2010年的年平均增长率0.12%上升0.94个百分点，重庆市人口10年来保持平稳增长态势。2020年，重庆具有大学文化程度的人口为494.02万人，与2010年相比，每10万人中具有大学文化程度的由8 478人上升为15 412人，15岁及以上人口的平均受教育年限由8.75年提高至9.80年，文盲率由4.21%下降为1.63%。受教育状况的持续改善反映了10年来重庆市人口文化素质不断提高。

农村城镇化让农村剩余劳动力转移以及产业结构调整等因素，使得劳动力仍然是重庆目前及未来一段时间的丰裕要素。根据前面的理论分析可知，劳动力投入影响要素禀赋结构，进而影响一个国家（地区）的贸易结

---

① 何盛明. 财经大辞典 [M]. 北京：中国财政经济出版社，1990.
② 周文平. 国际技术转移与广东省技术进步的实证研究 [D]. 广州：中山大学，2009.

构。重庆外贸的发展应充分发挥劳动密集型产业的比较优势，通过加强就业人员的职业培训，增加劳动力的熟练程度和技术含量，提高劳动力素质，改善重庆的要素禀赋结构，从而推动重庆对外贸易的转型升级。

6.1.3 资本投入

资本是企业为购置从事生产经营活动所需的资产的资金来源，是投资者对企业的投入。资本作为一种生产要素，同劳动力一样，其禀赋情况会影响一个国家或地区的贸易结构。资本投入的变化会改变一个国家（地区）的要素禀赋状况，进而影响其贸易结构，最终影响该地区外贸的转型升级。资本的投入可以帮助企业引进先进的生产设备和技术，从而提高生产效率和产品质量。通过技术升级，推动企业不断提升产品的附加值和差异性，生产出更具竞争力的产品，满足国际市场的需求。资本投入可以支持企业引进高素质的人才，并提供培训机会，提升员工的专业素质和综合能力。这有助于企业提升管理水平和技术水平，适应外贸转型升级的需求。

充足的资本投入，有助于重庆出口企业加大研发设计、宣传推广等方面的投入力度，提高自身技术创新水平和产品技术含量，创建自主品牌，树立企业品牌形象，提升产品附加值，增强出口产品的国际竞争力，实现价值链的提升。因此，资本投入对重庆外贸转型升级具有积极作用。

6.1.4 利用外资水平

从第 4 章重庆外贸发展情况部分表 4-4 可以看出，外资企业是重庆市对外贸易的主要力量，2016—2021 年外资企业在重庆外贸出口额中的占比都在 50% 以上。外商直接投资可以带来外资、技术、管理经验等资源，推动企业的国际化进程，提升企业的竞争力和市场拓展能力。

引进外资可以增加重庆出口产品的质量和附加值，提高出口产品的竞争力，进而促进外贸转型升级。外商直接投资通常会带来先进的技术、管理经验和市场需求信息，在国内市场上形成一定的技术溢出效应和市场激励效应。这些效应可以推动重庆企业进行技术创新、管理创新和产品升级，使企业实现从低端产业向中高端产业的转型升级。

此外，外商直接投资可以促进贸易结构的调整。外商直接投资通常会集中在制造业、高新技术产业等高附加值领域，这有助于改变传统的劳动密集型出口模式，推动贸易结构向中高端产品和服务贸易转型。通过外商直接投资的引领作用，可以改变重庆外贸的基本格局，提高在全球价值链中的地位。

6.1.5 低碳经济发展水平

低碳经济发展水平指的是一个国家或地区在经济发展过程中，能够有效地控制并减少二氧化碳排放量的能力和水平。这是一个综合评价一个国家（地区）经济发展和环境保护水平的指标，它意味着通过采取一系列低碳措施和技术创新，减少能源的消耗和废弃物的产生，最大限度地降低对环境的负面影响，体现了一个国家（地区）在经济发展过程中的环境意识和可持续发展能力。

低碳经济追求协调发展，重视可持续性，这将会影响产业结构及国际贸易的结构。低碳经济下，产业升级的方向和目标是实现可持续发展和提高国际竞争力。在产业结构方面，加快发展低能耗、低污染、高附加值的产业，如新能源、环保、信息技术等，推动传统产业向高端化、智能化方向转型。在产业链方面，促进各个环节的协调发展，增加产品的附加值和市场竞争力。同时，推动企业进行技术创新和绿色管理，提高企业的可持续发展能力，为外贸转型升级打下坚实的基础。低碳经济下，促进绿色贸易发展是实现可持续发展的重要手段。一方面，推动环保技术和绿色产品的研发和应用，提高绿色贸易的比重和水平。另一方面，建立健全绿色贸易法规和标准体系，加强绿色贸易的监管和管理，鼓励企业进行绿色生产和经营，提高绿色贸易的国际竞争力。通过促进绿色贸易发展，推动外贸转型升级，实现可持续发展。

此外，低碳经济的发展，引导消费模式转变对于促进外贸转型升级具有积极作用。在绿色消费和循环经济理念的倡导下，消费者购买环保、节能、低碳的产品和服务的需求提升。企业进行绿色营销和创新营销，会提高消费者的环保意识和购买意愿。通过引导消费模式转变，促进外贸转型升级，实现可持续发展。

当然，低碳经济的发展对外贸转型升级也带来了一些挑战。低碳经济背景下，外贸发展需要大量的资金和技术投入，这无疑增加了企业的成本。产品生产的低碳化可能增加产品生产成本，从而降低其出口竞争力，这是低碳经济发展对外贸转型升级的抑制作用。

6.1.6 相关及配套产业发展情况

本书第 2 章阐述了对外贸易转型升级的理论基础，根据波特的竞争优势理论，相关产业及配套产业的发展情况会对一国（地区）某产业的竞争力产生影响。其中相关产业是指与目标产业共享相同技术、营销渠道与服务的产业，它们之间一般存在某种程度的互补性，是一种水平的、横向的联系；而配套产业是指向目标产业提供原材料、中间产品与各种半成品的产业，它们之间是一种上下游的联系。

发展相关产业能够形成产业集群，提高产业间的合作与协同效应，从而提升整个产业的竞争力。相关产业的发展还能够为主导产业提供更多的市场机会和销售渠道，增加其市场份额和利润。此外，相关产业发展还能够推动技术创新和产品升级，提高整个产业的技术水平和产品品质，增强竞争力。

配套产业的发展对产业竞争力也具有重要意义。配套产业的健全完善能够提供稳定的供应链和优质的供应服务，保证主导产业的生产运作顺利进行。有效的配套产业还能够提供成本优势，降低生产成本，提高产业的竞争力。此外，配套产业的发展还能够提供人才培养和技术支持等方面的支持，增加产业的创新能力和竞争优势。

相关产业和配套产业的发展可以为重庆外贸企业提供更多的出口产品和服务，丰富产品结构，增强外贸企业的市场竞争力。与相关产业和配套产业的合作能够提高产品的质量和性能，提供更具竞争力的出口产品，满足国际市场对产品质量和需求的要求。相关产业及配套产业通过影响产业转型升级，带动重庆对外贸易的转型升级。

6.2 低碳经济背景下重庆外贸转型升级的实证分析

6.2.1 变量选择及模型构建

基于前文对重庆对外贸易转型升级的影响因素进行的理论分析，根据搜集到的重庆的相关数据，分别将技术进步、劳动力投入、资本投入、利用外资水平、低碳经济发展水平、相关及配套产业的发展作为低碳经济背景下影响重庆对外贸易转型升级的六个主要因素。

6.2.1.1 变量选择

1. 被解释变量

结合前文外贸转型升级的内涵，外贸转型升级是培育对外贸易竞争新优势的过程，需要外贸发展方式由粗放式向集约式转型，进一步优化贸易结构，提高产品的附加值，提升外贸竞争力。关于外贸转型升级程度的衡量，目前还没有统一的度量指标。国内有些学者选择以对外贸易竞争力指标来衡量；有些学者选择以外贸对GDP的贡献度来衡量；有些学者研究加工贸易转型升级，选择以加工贸易机电产品出口额占加工贸易出口总额的比重来衡量，也有的选择以加工贸易高新技术产品出口额占加工贸易出口总额的比重来衡量。综合国内学者的研究，本书考虑外贸转型升级主要从优化出口商品结构出发，提高产品附加值，提升竞争力，因此选择高新技术产品出口额占外贸出口总额的比重来衡量重庆外贸转型升级的程度。即本书中被解释变量TTU（外贸转型升级程度）用重庆高新技术产品出口额占外贸出口总额的比重来表示：

$$TTU = \frac{高新技术产品出口额}{外贸出口总额} \tag{6-1}$$

说明：式（6-1）中的高新技术产品出口额来自2002—2022年《中国高技术产业统计年鉴》，外贸出口额来自2002—2022年《重庆市统计年鉴》。

2. 解释变量

（1）技术创新（RD）

考虑到相关数据的可获得性，本书选择技术创新指标来反映企业技术进步程度。技术创新是指通过新的思路、新的方法、新的技术手段等，创造出新的产品、新的生产方式、新的服务等，从而推动社会经济的发展。技术创新可以带来新的技术成果，这些成果可以进一步推动技术的发展。因此，技术创新是技术进步的源泉，是推动技术进步的重要动力。

企业通过技术水平的不断创新，使产品不断更新换代，提升产品技术含量，增强国际竞争力，因此预期技术创新会促进外贸转型升级。技术创新可以从创新投入、创新产出、创新转化成果来衡量，但无论用什么指标衡量，前提都是进行创新的投入。本书选取重庆工业企业研发经费内部支出额（R&D）来衡量企业的技术创新。

（2）劳动力投入增长（LAB）

现有研究表明，劳动力是最基本的生产投入要素，不断增长的劳动投入对产业升级和产业结构优化具有不可替代的推动作用，而产业结构的优化也会对外贸转型升级起到相应促进作用。劳动投入的增长严格来讲应该用实际劳动时间的增长来表示，但由于此数据无法准确获得，因此用劳动力人数的增长来代替。考虑数据可得性并基于样本分析期内中国长期处于低失业率状态，本书假定劳动力总量等于就业人员数。就业人员数指标反映了一定时期内全部劳动力资源的实际利用情况，因而就业人员的增长是劳动投入增长的较好代理指标。本书用重庆市历年就业人数的增长速度表示这一变量，具体计算公式如下：

$$LAB_t = \frac{(第\ t\ 年的就业人数) - (第\ t-1\ 年的就业人数)}{第\ t-1\ 年的就业人数} \quad (6-2)$$

（3）资本投入增长（CAP）

与劳动投入类似，预期资本投入的不断增长将推动产业结构的升级优化，从而推动外贸转型升级。资本投入增速以资本存量的增长速度来表示。一般文献中，资本存量以历年生产过程中使用的固定资产和流动资金（存货增加值）的年末存量之和反映，即资本存量为固定资产存量净值与流动资金（存货增加值）之和。本书采用"永续盘存法"① 计算资本存量并进而计算其增速，资本存量的计算公式如下：

$$K_0 = \frac{I_0}{y_0 + \delta_0} \quad (6-3)$$

$$K_t = 0.9K_{t-1} + I_t \quad (6-4)$$

其中：K_0 为基期的资本存量，本书选择 2001 年作为基期；I_0 为基期的固定资产投资额；y_0 为基期的 GDP 增长率；K_t 为计算期的资本存量，表示第 t 年的资本存量；I_t 表示第 t 年的固定资产投资额；δ_0 为基期的折旧率，学术界常用的折旧率数值是 10%。基期的资本存量用公式（6-3）计算得出，其他年份的资本存量用公式（6-4）计算得出。

（4）利用外资水平（FDI）

学界认为中国经济几十年的发展中，跨国公司的外商直接投资起到非

---

① "永续盘存法"在 1951 年被戈德史密斯（Goldsmith）创新性地提出，其基本思想是根据累计的固定资产投资计算资本存量，具体方法是：例如，若选用 1993 年作为基期，则基期的资本存量为 1993 年的实际固定资产投资/（1993 年的 GDP 平均增长率+折旧率）。折旧率定为 10%，这是经济界比较常用的数值。选定基期的资本存量以后，其他年份的资本存量按照公式 $K_t = 0.9K_{t-1} + I_t$ 进行递推获得。

常关键的作用。FDI 不仅在改革开放早期为中国经济发展提供资金技术以及管理经验支持，并对本土企业产生各种溢出效应，外商直接投资代表了世界范围内的产业升级与转移，因而预期会促进重庆外贸转型升级。本书用重庆历年实际利用外商直接投资额来表示。

（5）低碳经济发展水平（CEI）

低碳经济对外贸转型升级具有正反两方面的影响。一方面，产品生产的低碳化和绿色化符合世界发展潮流，有助于减少产品出口所面临的非关税壁垒，从而促进出口转型升级；另一方面，产品生产的低碳化可能增加产品生产成本，从而降低其出口竞争力，进而抑制外贸转型升级，因此预计其对外贸转型升级的净影响是不确定的。

碳排放强度指标是衡量一个国家或地区低碳经济发展水平最常用的指标之一。它是指单位国内生产总值（GDP）所对应的碳排放量，通常用吨/万元来表示。碳排放强度指标越低，说明该国家或地区的低碳经济发展水平越高。因此本书选择重庆市碳排放强度来衡量重庆低碳经济发展水平。

（6）相关及配套产业的发展水平（RSI）

相关及配套产业的发展水平用重庆历年第三产业中交通运输、仓储和邮政业、批发和零售业及金融业的增加值占 GDP 的比重来表示。由于进出口贸易对相关及配套产业具有极强的依赖性，因此预期相关及配套产业越发达，外贸转型升级水平越高。表 6-1 汇总了变量选择情况。

表 6-1　变量选择

变量名称	符号	度量方法	单位
外贸转型升级程度	TTU	高新技术产品出口额/外贸出口总额	%
技术进步	RD	工业企业研发经费内部支出	亿元
劳动力投入增长	LAB	就业人数增加值/就业人数	%
资本投入增长	CAP	资本存量增加值/资本存量	%
利用外资水平	FDI	FDI 实际使用额	亿元
低碳经济发展水平	CEI	CO_2 排放量/GDP	吨/万元
相关及配套产业发展水平	RSI	（交通运输、仓储和邮政业+批发和零售业+金融业）/GDP	%

6.2.1.2 数据来源

重庆对外贸易转型升级程度（重庆高新技术产品出口占比）及解释变量中的技术进步、劳动力投入、资本投入、利用外资水平、低碳经济发展水平、相关及配套产业的发展数据由 2003—2022 年的《重庆统计年鉴》《重庆市国民经济和社会发展统计公报》及《重庆市科技投入统计公报》中相关数据整理计算所得，其中有同样年份的数据的，以统计年鉴上最近的数据为准。

6.2.1.3 模型设定

根据前述变量选择，同时考虑到可能遗漏具有时间趋势的影响因素，拟在建模时控制时间（年份），这一方面可以减轻遗漏变量可能带来的偏误问题，另一方面也有助于控制住模型中变量的共同时间趋势。模型设定如下：

$$\mathrm{TTU}_t = \beta_0 + \beta_1 \mathrm{RD}_t + \beta_2 \mathrm{LAB}_t + \beta_3 \mathrm{CAP}_t + \beta_4 \mathrm{FDI}_t + \beta_5 \mathrm{CEI}_t \\ + \beta_6 \mathrm{RSI}_t + \beta_7 \mathrm{YEAR} + \varepsilon_t \tag{6-5}$$

式（6-5）中相关变量的含义及测度方法见表 6-1。

6.2.2 实证结果及分析

6.2.2.1 变量的描述性统计

模型中各变量的描述性统计结果如表 6-2 所示。

表 6-2 变量的描述性统计

变量	样本量	平均值	标准差	最小值	最大值
TTU	20	0.256	0.117	0.046	0.489
RD	20	147.721	134.223	7.041	424.527
LAB	20	0.002	0.017	-0.04	0.025
CAP	20	0.152	0.044	0.083	0.226
FDI	20	160.917	94.947	23.249	376.274
CEI	20	7.653	2.308	4.43	11.449
RSI	20	0.213	0.011	0.191	0.226

由表 6-2 可以得知，在 2002—2021 年间，重庆外贸转型升级指数值（TTU）在 0.046 到 0.489 之间变化，均值为 0.256，说明各年份重庆外贸

转型升级水平存在一定的差异。技术进步（RD）、利用外资水平（FDI）在此期间变化波动比较大；低碳经济发展水平（CEI）、资本投入增长（CAP）有一定的波动；相关及配套产业发展水平（RSI）及劳动力投入增长（LAB）的变化幅度较小。

6.2.2.2 单位根检验

经典的时间序列分析和回归分析有许多假定前提，如序列的平稳性、正态性。越来越多的实验表明，时间序列数据大多是非平稳的，如果将非平稳序列当作平稳序列分析，就会出现"伪回归"的问题。因此，在对时间序列进行经济分析之前，要对其进行平稳性检验。如果序列检验后是平稳的，则可以继续对其进行回归分析。本书采用 ADF 法对数据的平稳性进行检验。从表 6-3 可以看出，变量 TTU、RD、LAB、CAP、FDI、CEI、RSI 时间序列伴随概率都大于 0.1，说明原序列不平稳，需要进行差分处理。经过一阶差分后，所有变量的伴随概率 P 值都小于 0.1，序列平稳，故模型中所有变量均是一阶单整的。

表 6-3　ADF 平稳性检验结果

变量	原序列		一阶差分序列		检验结论
	ADF 值	ADF 检验伴随概率	ADF 值	ADF 检验伴随概率	
TTU	−0.765 4	0.371 2	−4.855 9	0.000 1	一阶差分平稳
RD	2.121 5	0.988 4	−3.900 2	0.034 4	一阶差分平稳
LAB	−1.860 5	0.634 8	−2.265 7	0.026 3	一阶差分平稳
CAP	−0.381 7	0.894 0	−4.134 3	0.006 6	一阶差分平稳
FDI	−1.925 9	0.314 3	−6.127 1	0.000 1	一阶差分平稳
CEI	−1.154 7	0.669 7	−5.826 7	0.000 2	一阶差分平稳
RSI	−0.890 2	0.768 5	−3.928 1	0.008 7	一阶差分平稳

6.2.2.3 协整检验

协整检验的目的在于判断变量之间是否存在长期稳定的均衡关系，由于模型变量均为 I（1），因此可能存在协整关系。受样本容量限制，模型（6-5）无法使用基于 VAR 模型的协整检验方法，只能使用基于单方程模型的恩格尔-格兰杰（Engel-Granger）两步法进行协整检验。首先对模型（6-5）进行 OLS 回归，获取其残差序列，然后对残差序列做单位根检验，其 ADF 值为-4.029 1，伴随概率 $P = 0.000\ 4$，即残差序列不存在单位根，因此模型（6-5）中的变量之间存在协整关系，可以对其进行 OLS 回归。

6.2.2.4 回归结果及分析

基于前述协整检验结果，使用 Eviews10.0 软件对模型（6-5）进行 OLS 回归，结果见表 6-4。考虑模型可能存在序列相关性或条件异方差，因此回归结果汇报的是稳健标准误。

表 6-4　回归结果

TTU	系数	聚类调整标准误	t	$P > \mid t \mid$
RD	0.416	0.143 4	2.90	0.013
LAB	1 739.564	299.541 4	5.81	0.000
CAP	32.468	151.393 9	0.21	0.834
FDI	−0.097	0.050 6	−1.91	0.080
CEI	1.758	5.145 2	0.34	0.739
RSI	1 075.460	367.929 3	2.92	0.013
YEAR	−10.862	4.546 1	−2.39	0.034
_CONS	21 578.410	9 130.583 0	2.36	0.036

通过表 6-4 的回归结果可以看出，RD（技术进步）、LAB（劳动力投入增长）、RSI（相关及配套产业发展水平）与 TTU（外贸转型升级程度）是显著相关的，且对 TTU 有正向促进作用；FDI（利用外资水平）对 TTU 有较弱的抑制作用；而 CAP（资本投入增长）、CEI（低碳经济发展水平）两个变量对 TTU 的影响不显著。重庆对外贸易转型升级影响因素实证结论如表 6-5 所示。

表 6-5　重庆对外贸易转型升级影响因素实证结论

研究假设	实证结论
假设 H1：技术进步对重庆外贸转型升级起到了正向的促进作用	支持
假设 H2：劳动力投入增长对重庆外贸转型升级起到了正向的促进作用	支持
假设 H3：资本投入增长对重庆外贸转型升级起到了正向的促进作用	不支持
假设 H4：利用外资水平对重庆外贸转型升级起到了正向的促进作用	不支持
假设 H5：低碳经济发展水平对重庆外贸转型升级的净效应不确定	—

表6-5(续)

研究假设	实证结论
假设 H6：相关及配套产业的发展对重庆外贸转型升级起到正向的促进作用	支持

进一步的分析：

（1）RD（技术进步）

回归模型中技术进步因素通过显著性检验，且回归系数为正，说明技术进步因素对于重庆外贸转型升级的推动作用是显著的。但数值比较小，说明技术进步对外贸转型升级的作用没有得到充分发挥。虽然重庆高新技术产品出口比重有逐年上升趋势，但大多数企业尤其是加工型企业参与的仍然是价值链中的劳动密集型环节，研发能力和技术能力不足。重庆的科技创新能力相对于发达地区仍然处于较低水平。虽然重庆出口企业近年不断加大自主创新研发资金的投入，但是技术创新强度还不高。如2021年重庆市技术创新强度为2.16%，低于全国2.44%的平均水平。

（2）LAB（劳动力投入增长）

劳动投入的增长与重庆外贸转型升级程度呈高度正相关，系数为正值，且数值大，表明劳动力投入对重庆外贸转型升级起到了很大的推动作用，预期结果一致。重庆劳动力要素丰富，长期以来对外贸易的发展主要依赖劳动力成本优势。第4章重庆外贸发展情况部分分析了重庆对外贸易结构，2013年以来，重庆市加工贸易进出口规模超过一般贸易，除2015年、2016年出现波动，在进出口总额中的比重低于一般贸易，其他年份都处于领先地位。特别是近年来，重庆保税港区、综合保税区等海关特殊监管区域的快速发展，有力推进了以笔记本电脑、打印机为主的IT产业的集聚，重庆出口加工贸易呈现迅猛发展的势头。重庆加工贸易的发展依赖劳动力成本优势，随着劳动力素质的提高，重庆的要素禀赋条件有所改善，对重庆外贸转型升级起到了正向的促进作用。

（3）CAP（资本投入增长）

资本投入增长对重庆外贸转型升级的影响不显著，与预期结果不一致。这可能是因为重庆低水平、盲目性的资本投入，资本投入后无法有效提高生产效率、提升产品的技术含量和附加值。且重庆主要依赖汽车、电子等传统产业，虽有一些高新技术企业的存在，但整体而言，重庆技术水平相对较低，缺乏具有竞争力的核心技术，这导致资本投入无法充分发挥应有的作用。与劳动密集型产业相比，资本密集型产业的资本投入相对于劳动密集型产业的资本投入处于弱势地位，资本投入对重庆对外贸易转型升级的促进作用无法有效发挥。

（4）FDI（利用外资水平）

利用外资水平系数为负值，与预期结果不一致，但系数值比较小。这说明利用外资水平对重庆外贸转型升级有一定的抑制作用，但抑制作用比较弱。重庆市外资主要集中在汽车和零部件、电子和通信设备、交通运输和仓储业、金融业、房地产业等行业。外商投资企业选择重庆的一个重要原因是重庆丰富的劳动力资源以及优惠的招商政策，为了追寻更大的利润空间，将在本国处于产业链低端的生产环节转移至重庆，主要进行产品的简单生产、加工、组装等低附加值环节，所投资的项目技术含量相对较低，产生的技术溢出效应强度较小，短期行为比较严重，致使重庆利用外资的技术效应和产业关联效应没能很好地发挥。虽然外商直接投资可以引入先进技术，但是重庆企业也会依赖这些技术，进而造成技术积累能力相对较低。过度依赖外资可能会抑制重庆的外贸转型升级。要解决这个问题，重庆可以鼓励本地企业进行自主创新、技术升级和市场拓展，同时加强政府支持和引导，推动外资对重庆的带动作用更加有针对性和持续性。

（5）CEI（低碳经济发展水平）

低碳经济发展水平对重庆外贸转型升级的影响不显著，究其原因，可能与重庆外贸转型升级的目标和政策导向有关。重庆外贸转型升级的重点是技术创新，提升产品质量和竞争力，而并非将碳排放控制作为首要目标。因此，在重庆的外贸转型升级过程中，碳排放强度的降低并未受到足够的关注和重视。碳排放强度的改变需要长期的产业结构优化与技术创新，包括引进低碳技术、提高能源利用效率等。这些转型过程需要长期的时间和资金投入，而重庆外贸转型升级可能会面临其他紧迫的经济挑战和改革任务。因此，低碳经济发展水平在外贸转型升级中的优先级可能较低。

（6）RSI（相关及配套产业的发展）

相关及配套产业的发展系数值为正值，与预期相符，且数值很大，表明相关产业及配套产业的发展对重庆对外贸易的转型升级有很大的正向推动作用。根据波特的竞争优势理论，竞争优势的获得有赖于相关及支持产业的发展，可知对外贸易相关产业的发展及本土产业配套水平的高低对重庆对外贸易转型升级至关重要。

6.3 本章小结

本章探讨了低碳经济背景下影响重庆外贸转型升级的主要因素。首先，根据比较优势理论、产品生命周期理论、竞争优势理论、新经济增长理论、微笑曲线理论以及低碳经济发展理论提出了影响重庆外贸转型升级的六个主要因素，分别是技术进步、劳动投入、资本投入、利用外资水平、低碳经济发展水平及相关及配套产业的发展，从理论上分析了以上因素对重庆外贸转型升级的影响机制。然后，在理论分析的基础之上，结合重庆外贸发展的实际情况，选取可量化的影响因素指标，对这些影响因素对重庆外贸转型升级的影响程度进行了实证分析。研究得出：①低碳经济背景下，劳动力投入的增长、相关及配套产业的发展对重庆外贸转型升级有很大的推动作用；②技术进步因素对重庆外贸转型升级的推动作用比较小，作用没有得到充分发挥；③利用外资水平对重庆外贸转型升级有较弱的抑制作用；④资本投入增长和低碳经济发展水平两个因素对重庆外贸转型升级的影响不显著。

第7章 国外低碳经济的发展经验

随着全球气候变化的加剧，低碳经济已经成为一种全球性的趋势和发展方向。在全球范围内，越来越多的国家开始关注能源消耗和环境保护问题。本章主要论述多个国家和地区的低碳经济发展经验，分析其治理模式和实施效果。

7.1 欧盟低碳经济的发展

7.1.1 欧盟低碳经济发展概述

在发展低碳经济问题上，欧盟不仅提出的口号最响，行动也走在了其他国家和地区之前。从排放指标的制定，到科研经费的投入、碳排放机制的提出、节能与环保标准的制定，再到低碳项目的推广等，欧盟均率先出击，推出了全方位的政策和措施，统领各成员国大力发展低碳产业。

欧盟践行低碳发展，在目标制定与顶层框架设计方面始终走在全球前沿：欧盟碳排放权交易体系（EU-ETS）起源于 2005 年，是世界上参与国最多、规模最大、最成熟的碳排放权交易市场。早在 2007 年，欧盟便提出 2020 年 "20-20-20" 目标，即到 2020 年，温室气体排放与 1990 年相比减少 20%，能源效率提高 20%，新能源占能源消耗总量的 20%。2011 年欧盟制定了 2050 能源路线图与 2050 低碳经济路线图；2015 年，欧盟委员会发布了名为《战略能源计划 2007—2017》的文件，该文件旨在研究高效且兼具经济性的低碳技术。2019 年 12 月出台 "欧洲绿色协议"，宣布在 2050 年前实现欧洲地区碳中和。2021 年 7 月，欧盟委员会公布了最新的 "Fit for 55" 计划草案，旨在彻底结束欧洲对化石燃料的依赖，确保在 2050 年实现碳中和目标。

7.1.2 欧盟发展低碳经济的政策措施

7.1.2.1 设定碳减排目标，多领域合力推动碳减排

欧盟在应对气候变化方面一直积极设定碳减排目标。2007年3月，欧洲理事会在《2020年气候和能源一揽子计划》中提出"20-20-20计划"目标，将气候与能源形成战略关联，共同推进碳减排，使减碳政策呈现出以应对气候变化为目标，以能源改革为重点推动各部门节能减排，同时发展负排放技术促进减排，提高欧盟经济竞争力的政策发展趋势。欧盟一直在积极推动减碳政策的发展与实施，从推动新能源的开发利用、发展碳排放交易体系优化市场资源配置、补贴新能源项目、推动碳汇技术创新等方面开展了一系列的具体举措，以此推动欧盟整体碳减排，并取得了一定的效果。自1990年以来，欧盟已成功地将碳排放量减少了20%。此外，为确保实现《巴黎协定》所设定的将全球气温上升控制在2摄氏度之内的目标，欧盟进一步提出了到2050年实现碳中和的发展路线图。在此过程中，将密切监测各成员国的碳排放总量和强度，确保减排目标的实现。

2018年11月，欧盟通过了《欧盟2050战略性长期愿景》，提出到2050年建成现代化、有竞争力、繁荣且气候中性的经济体这一目标。2020年3月《欧洲气候法案》被提出，并在2021年6月获得通过，从法律层面推动欧盟实现碳中和。《欧洲气候法案》的出台旨在确保欧盟的所有政策，都能围绕着减排、绿色技术投资和保护自然环境展开，以确保欧盟国家整体实现温室气体净零排放这一目标。2021年7月，欧盟发布"Fit for 55"一揽子立法提案，希望通过实施减少温室气体排放的12项独立政策措施，到2030年将其温室气体排放量相较于1990年减少至少55%，并在2050年实现气候中和，"Fit for 55"计划的通过更进一步对欧盟碳中和路径进行了阶段性规划，并将能源税作为主要政策举措。

欧盟认为在贸易全球化的背景下，与欧盟碳排放标准不一致的国家将带来"碳泄漏"风险。2019年12月，欧委会在"欧洲绿色协议"中正式提出"碳边境调节机制"（carbon border adjustment mechanism，CBAM），通过对在生产过程中碳排放量不符合欧盟标准的进口商品征收关税（即"碳边境税"）的方式，避免自身气候政策的完整性及有效性因"碳泄漏"而被破坏，同时还可以保护欧盟企业的竞争力。在"Fit for 55"计划中，欧盟公布了碳边境关税政策立法提案，正式启动立法进程。碳边境调

节机制分阶段实施，2023—2025 年作为试点阶段，涵盖电力、钢铁、水泥、铝和化肥五个领域，进口商只需要报告进口产品数量及其相应的碳含量，欧盟在此期间不征收任何费用。自 2026 年 1 月 1 日起，欧盟将正式开始征收碳边境税，碳边境调节机制计划全面实施。欧盟将逐年降低境内钢铁、水泥等高碳生产企业免费配额，欧盟进口商在进口特定领域的产品时，须参照欧盟排放交易体系的碳排放价格，缴费购买相应的碳含量交易许可（CBAM certificate），至 2035 年将完全取消免费配额。为了避免双重征税，对于国外生产者已经承担的碳排放成本，可扣减进口产品在其生产国已实际支付的碳价。

7.1.2.2 防治环境污染，调整能源结构

欧盟减碳政策最初由环境保护运动发展而来，早期举措集中在环境污染防治方面，能源结构调整为辅。早期欧洲各国为了经济的快速发展而忽视了重工业以及能源消耗给环境造成的剧烈变化，产生了严重的环境污染问题，给欧洲各国的社会发展造成了阻碍，由此欧洲环境污染问题开始被学术界和政界关注。早期的环境政策举措主要是控制环境污染、改善能源结构。

欧盟在《环境行动计划》中，提出要制定污染物排放标准以评估企业生产排放情况，更重要的是确定了"污染者付费"原则。"污染者付费"原则是指由法律规定的自然人或法人，如果对环境污染负有责任，那么必须采取相应的措施或支付费用以消除或减少造成的污染①。"污染者付费"原则确定了污染治理的责任，推动各成员国落实污染治理制度，逐渐提高环境污染的成本，倒逼企业采取相应措施减少排放，从而达到污染治理的目的。在这一过程中，高碳排放、环境污染型产品的成本不断上升，会促使企业主动采取减产、优化生产技术、应用污染物吸收技术等减排措施来减少污染物的排放，以此降低企业成本；同时，相关企业面对着欧盟与发展中国家不同的环境规制水平，有动机将能源密集型产业转移至发展中国家，减少企业的生产成本。

此外，欧盟还将"奖惩结合"原则作为补充，对有利于环境污染治理、节能减排的产品与服务提供税收优惠，以此支持企业开发与应用减排技术。如德国于 1976 年制定并实施了《德国排污费法》，对向公共水域排

---

① KINGSTON S. The polluterpays principle in EU climate law: an effective tool before the courts [J]. ClimateLaw, 2020, 10 (1): 1–27.

放污水者征收费用，并逐步提高排污费价格，同时将符合规定的排放者的排污费降低 50%①，既增加企业或个人的污染成本，又对符合规定的企业或个人进行支持，推动了企业与个人层面上的环境保护。

与此同时，受石油危机问题以及化石能源消耗带来污染问题的影响，欧盟逐渐重视可再生能源的发展。1986 年提出的能源政策将开发利用可再生能源视为改善欧盟能源结构的发展方向，为欧盟能源政策奠定了基础。如瑞典自 1975 年开始每年补贴生物质燃烧与转换技术的研发；德国在1985 年之前就开始推行可再生能源发电，并且在 1989 年提出风电计划。欧盟（欧共体）于 1988 年发表《能源内部市场》报告，提出要对天然气与电力部门进行一体化发展，从而实现天然气对煤炭以及石油的替代并提高欧盟内部能源利用效率，以各成员国合力推动欧盟整体能源产业转型，从而实现欧盟能源结构调整、能源使用效率提高、维护能源安全的目标。

从政策效果来看，环境污染防治与可再生能源的利用在一定程度上减缓了二氧化碳排放的增长。欧盟 1973—1989 年的二氧化碳排放平均增长速度为 1.88%，低于 1946—1972 年的 5.19%②。

7.1.2.3 利用碳交易促进节能减排

1992 年《欧洲联盟条约》签署后，欧盟正式成立，同时环境政策被正式确定，其政策的重点落在能源、土地整治与利用、水资源管理等领域。2000 年，欧盟提出了第一个欧洲气候变化计划，大力开发利用新能源，同时发展碳排放权交易市场，推动欧盟各成员国的碳减排。2005 年 1 月 1日，欧盟正式启动了碳排放交易体系（EU-ETS），借助市场之手来降低低碳成本。该交易机制涉及发电、供热业、炼油业、金属冶炼加工业、造纸业以及其他高耗能企业。每个成员国制定每个交易阶段的二氧化碳排放的"国家分配计划"，向企业分配排放权，明确企业具体的减排目标。这成为欧盟实现《京都议定书》目标的主要基础和途径，在整个欧洲气候变化的长期战略中发挥着重要作用。

欧盟碳排放权交易市场是第一个国际碳排放交易市场，欧盟碳排放交

---

① 张宏翔. 德国排污制度环境税的经济效应与制度启示 [J]. 华侨大学学报（哲学社会科学版），2015（4）：50-59.

② 中大咨询研究院双碳研究组. 全球主要经济体减少碳排放的政策与启示：欧盟篇 [EB/OL].（2021-11-04）[2023-11-11]. https://baijiahao.baidu.com/s？id=1715478138882161758&wfr=spider&for=pc.

易体系也是世界上最大的交易体系和全球碳交易市场的主要支柱。欧盟碳排放交易体系主要是用于限制温室气体排放并允许碳排放权交易。欧盟委员会根据《京都议定书》为各成员国规定了减排目标和减排量分担协议，再由各成员国根据国家分批计划分配给国内的企业，通过提高技术，减少二氧化碳的排放量，可以将多余的排放权卖给其他的企业、国家。为了规范碳排放交易机制，欧盟颁布了"2003/87号指令"，来约束一些内容：①规定分两个阶段走，即第一阶段，只用于二氧化碳的排放，只涉及了排放量大的部门，包括能源部门、有色金属加工和生产部门、建材以及纸浆造纸等部门；第二阶段，在欧盟委员会批准下，成员国可单方面地将排放交易机制扩大到其他部门，并拓宽温室气体种类。②成员国必须确保排放实体拥有温室气体排放许可配额，新加入者在将国家分配计划提交给欧盟委员会之前没有有效的排放许可配额。③允许暂时退出，允许一些排放实体在2005—2007年间不加入排放贸易机制，但这种退出需要欧盟委员会严格批准，所退出的企业的排放量也必须严格控制。这种允许暂时退出的做法其实是为了使整个机制能够长远。但不允许整个工业部门退出，因为这价格有可能限制市场的流动性。

在欧盟碳排放交易体系中，企业可以通过免费分配、拍卖或混合方式获取碳排放配额，随后企业可以根据自身碳排放情况对碳排放配额进行交易，能够卖出配额获取额外的经济利益或购入配额满足碳排放需求。碳排放权交易机制就是通过市场的调节机制调动企业积极性，进一步将减排责任与企业利益相挂钩，惩罚碳排放未达标企业的同时，提高因采取了有效减排措施而有多余排放权企业的经济效益，利用奖惩机制推动企业开发碳减排项目，从而使企业努力减排以达到欧盟碳减排的目的。

碳排放权交易的实际执行过程中，不同类型企业面对碳排放权交易采取的措施存在一定区别。对配额不足的高碳排放企业而言，碳排放权交易体系的实施使其面临着碳排放配额约束的压力以及碳排放减少带来的市场激励，因此它们一般有两种实现碳减排目标的途径，一是降低产量，二是采取新技术降低产品服务碳排放或投资碳汇项目。对配额足够的低碳排放企业而言，碳排放权交易体系更多的是起着市场激励作用，因此主要是通过开发与应用清洁技术或投资碳汇项目获取额外的配额，以在碳排放权交易中获益。

7.1.2.4 公共财政支持低碳发展

欧盟主要从财政措施、碳排放权交易机制等方面着手推动各成员国相应减碳政策的实施。

其中财政措施主要包括两方面：

一是各成员国根据"污染者付费"原则提出了碳税、能源税等环境税措施，以此提高企业生产过程中的碳排放成本，进而刺激企业自主寻求减排方法，同时根据"奖惩结合"原则对减排产品与服务提供税收优惠，在企业层面推行自愿碳减排模式。在实际执行中，最直接体现"污染者付费"原则的措施是部分成员国设立了碳税，直接提高企业排碳成本。碳税的实施通过影响微观企业行为而产生作用，其作用渠道可以分为三方面：①促使企业提高产品与服务的价格，从而将成本转嫁至消费者，推动消费者提高产品使用效率或购买低碳低价产品，使市场从需求端形成低碳产品需求，促进碳减排。②提高企业生产产品与提供服务的成本，促使企业采取减排技术进行生产端的碳减排，同时对减排项目的税收减免措施会进一步推动减排技术的开发与利用。③减排成本大幅上升会导致企业将生产部门转移至其他碳排放规制水平低的国家，产生了"避难所"效应，从而使欧盟碳排放下降。如丹麦、芬兰、德国、荷兰自1990年起陆续征收碳税，之后爱尔兰、法国、葡萄牙也开始正式征收碳税，并取得了一定减碳效果。

二是利用补贴激励手段推进新能源项目与减碳项目的开发与应用，如对绿色能源开发与利用补贴、拨款支持碳捕集技术类项目开发、成立气候基金以投资绿色产业，进而调动企业积极性，使其自愿参与到碳减排行动中，形成低碳发展模式。早在2009年，欧盟就批准了6个全流程CCS项目，资助额达10亿欧元。之后欧盟还投入2 100万欧元发展直接分离煅烧技术——这项技术能够减少水泥和石灰生产过程中60%的碳排放。荷兰自2012年开始设立了大规模可再生能源（SDE++）资助计划，用以为可再生能源生产、减排技术发展提供补贴[①]。2017年联合国气候大会召开时，法国等20个国家联合美国的两个州共同成立了弃用煤炭发电联盟，逐渐淘汰煤炭发电，净化电力结构。这些措施促使企业使用新能源、应用创新技

---

① NETHERLANDS ENTERPRISE AGENCY. Stimulation of sustainable energyproduction and climate transition（SDE++）［EB/OL］.（2023-09-15）［2023-11-20］.https：//english.rvo.nl/subsidies-programmes/sde.

术，推动了电力、交通、建筑等部门能源消费结构转型，从而实现碳减排。

欧盟碳减排的政策措施取得了较好的减排效果，完成了之前设定的减排计划。欧盟 2018 年碳排放量为 33.3 亿吨，相比 1990 年减少约 22%。能源结构方面，欧盟整体上表现为清洁能源占比逐步提高、化石燃料占比逐渐降低，自 2009 年开始欧盟化石能源占比就保持在 80% 以下，水能、风能与生物质能的使用开始增多。进一步地，从化石能源使用结构来看，煤炭使用量大幅降低，天然气占比大幅提高，减少了煤炭燃烧产生的碳排放。

欧盟的减碳政策实施至今，其大部分部门的碳排放量均有一定程度的下降，但为实现碳中和目标仍须采取较为强力的措施进一步推动各部门实现碳中和。

7.2 英国低碳经济的发展

7.2.1 英国低碳经济发展概述

英国是第一次工业革命的先驱，机器化大生产为英国带来巨大财富的同时也带来了严重的环境问题，自然环境和居民居住环境的恶化让英国承受了工业革命带来的历史教训。英国地处西欧，是个岛国，属于温带海洋性气候，受气候变化影响比较严重，因此无论是从长期发展还是本国利益角度考虑，英国都非常重视气候变化问题。2003 年，英国政府发布了第一份能源白皮书《我们能源的未来：创建低碳经济》，在全球范围内第一次提出"低碳经济"的概念，拟通过减少资源消费、提高资源利用率来减轻环境损害，强调以更少的资源和更少的污染排放，创造更好的经济效益。这一文件中提出减少二氧化碳排放量的中长期目标即到 2050 年降低 60%。英国不仅着力于解决其国内的减排和替代转型问题，而且积极推动世界范围内的低碳经济，从低碳技术研发推广、政策法规建设到国民认知姿态等诸多方面，都处在领先位置。

在实现低碳转型的过程中，英国采取了一系列具体的措施。例如，自 1973 年实现"碳达峰"后，英国的二氧化碳排放量整体保持下降趋势。到 2019 年，英国的二氧化碳排放量仅为最高峰时的 56.6%，已连续七年下降。同年，英国低碳和可再生能源经济（LCREE）部门的营业额达426亿英镑，并吸纳了大量就业人口。

为了进一步推动低碳经济的发展，英国政府在2021年3月推出了《工业脱碳战略》，计划到2030年大幅减少制造业企业二氧化碳排放，到2040年打造全球首个净零排放工业区。此外，英国还发布了《交通脱碳计划》，以推动公共交通和私人交通电气化转型。

总的来说，英国在低碳经济发展方面采取了一系列有效的政策措施，包括完善机制建设、推动绿色技术创新、提高工业竞争力、减少重工业和能源密集型行业的碳足迹等。这些举措不仅有助于应对全球气候变化，也为英国经济的可持续发展提供了新的动力。

7.2.2 英国发展低碳经济的政策措施

7.2.2.1 把发展低碳经济作为国家的战略目标

英国重视低碳经济的发展，将低碳经济视为未来企业和国家竞争力的核心所在，并希望借此重塑自己的国际政治经济地位。在2003年的能源白皮书中，英国政府明确提出到2050年从根本上把英国变成一个低碳经济国家，不仅要通过发展、应用和输出低碳技术创造新的商机和就业机会，而且要在支持世界各国向低碳经济转型发展方面成为欧洲乃至世界的先导。

为配合低碳经济战略，英国政府推出了一系列具有开创性的政策法规和配套措施。2008年英国通过了《气候变化法案》，这是全球第一个确定温室气体减排目标的法案。该法案承诺，到2050年，英国将温室气体排放量在1990年基础上减少80%；到2020年，使 CO_2 排放量至少减少34%，并确定了今后五年的"碳预算"。法案提出成立气候变化委员会，专门负责就英国在碳减排方面的政策机制、投入等问题向英国政府提出建议。法案还制订了未来15年的计划，为促成碳减排这一重要目标的实现，确保企业和个人向低碳科技领域投资，提供了一个明确的框架。同时，英国出台了《气候变化战略框架》，提出了全球低碳经济的远景设想，指出低碳革命的影响之大可以与第一次工业革命相媲美。2009年7月，英国政府正式发布名为《英国低碳转换计划》的国家战略文件及其补充文件《英国低碳工业战略》《低碳交通战略》和《可再生能源战略》，内容涉及能源、工业、交通和住房等多个方面，标志着英国正式启动向低碳经济转型。

英国也是全球率先推出并开始征收气候变化税的国家。从2001年开始，所有工业、商业和公共部门都要缴纳气候税，依据其煤炭、油气及电能等高碳能源的使用量来计征，如果使用生物能源、清洁能源或可再生能源则可获得税收减免。该政策在执行中也体现出一定的灵活性，比如考虑到部分能耗大户的实际承受能力，在制定明确的减排目标后给予适当减免，在维护企业竞争力的同时也有助于提升公众的节能减排意识。类似的税种还有燃料税、车辆行驶税和航空乘客税等。英国还提出了针对普通居民的用能累进税率，为低碳发电提供保护价格的措施也已体现在 2008 年修订的能源法当中，对碳排放设定更高交易价格的相关政策正在制定之中。

7.2.2.2　建立碳基金为企业减排提供服务

英国政府能源白皮书设定的减排目标在技术上是可行的，但需要不断地采取行动来排除在技术、经济和管理方面影响向低碳经济过渡的障碍。碳基金公司是一个由政府投资、按企业模式运作的独立公司，成立于 2001 年，其目标是帮助商业和公共部门减少二氧化碳的排放，并从中寻求低碳技术的商业机会，从而帮助英国走向低碳经济社会。碳基金的工作重点集中在减少碳排放上，中短期目标是提高能源效率和加强碳管理，中长期目标是投资低碳技术。在低碳技术的选择上，碳基金注重技术评估的科学性，应用科学的技术筛选方法，以降低市场风险。其主要筛选标准是碳的减排潜力和技术成熟度，并注重成本效率。对于碳减排潜力大且成熟的技术，则优先予以考虑投资；对于碳减排潜力大但应用不成熟的技术或碳减排潜力小但应用成熟的技术，结合实际情况分别对待。在企业选择上，碳基金主要关注年能源成本在 300 万~400 万英镑以上的大企业，因为大企业的排放量高、能源消耗高。

英国政府将每年征收的气候变化税用于碳基金公司的运作。虽然是由政府出资建立的，但是碳基金却是一家独立于政府的企业，因此可以在企业模式下实现政府的政策方向。同时，为了保证碳基金企业利益的实现，由来自工商、学术、政府各界人士共同组成董事会会议，只有来自企业的董事占多数的情况下才允许召开董事会，确保各项决策是符合企业特征和诉求的。碳基金主要将资金用于三个方面，一是对减少碳排放技术的研发和投入，二是促进低碳技术的市场商业化，三是为企业应用低碳技术提供资金融通。碳基金公司在 2003 年首批选择 50 个高能耗的企业进行试点应用，为这些企业免费提供碳管理的服务，帮助企业识别自身节能减排的潜力，挖掘低碳的投资机会，从而增加企业效益①。

在独立的经营模式下，碳基金公司开展了卓有成效的工作。碳管理服务主要从三个方面抓住企业关注的问题：一是成本问题，二是气候政策法规，三是企业声誉和企业形象。碳基金认为，如果只关注成本问题，就只会引起企业中层管理者的注意，但如果关注法规和社会责任，则会引起企业高层管理者的注意。所以要使企业接受碳基金的碳管理服务，必须从后两个方面加强对企业的说服力。碳基金的免费碳管理服务，能够为企业识别节能和减排潜力，识别投资机会，为企业带来较多的利益，所以企业一般都乐于接受碳基金的服务。鉴于碳基金的资金有限，市场需求越来越大，碳基金的碳管理服务已不再是完全免费的，它要求企业提供 50% 的配套资金，且碳基金提供的资金封顶不超过 2 万英镑。

碳基金有严格的管理方法和制度保证使这种公共资金通过企业运作得到合理使用。①碳基金公司的董事会成员有广泛的代表性。董事会成员由来自政府部门（如环境、食品和乡村事务部、英国贸易工业部、苏格兰、威尔士等地方政府官员）、企业界、学术界、工会及非政府组织等的人员组成，并且只有企业界的董事占多数时才能召开董事会会议，以保证企业的利益不被忽视。②碳基金公司获得拨款前必须提交工作计划及优先领域，然后与环境、食品和乡村事务部谈判，以达成框架协议。③碳基金公司需要每年做执行报告，每 5 年做一次全面评估。评估以碳减排的成效效率为标准，由完全独立机构进行，以评估资金使用效率。④政府不干预碳基金公司的经营管理业务。碳基金的经费开支、投资、碳基金人员的工资奖金等由董事会决定，政府不干预。

7.2.2.3 构建和完善碳排放权交易市场

英国政府于 2002 年自发建立英国碳排放权交易体系（UK-ETS），英国碳排放权交易体系是世界低碳金融市场的重要组成部分，对世界低碳金融市场的发展起到重要作用。碳排放权交易体系可以为企业使用和投资新能源开发与利用提供完善的竞争和供求机制，促使其快速发展。根据《京都议定书》和《哥本哈根协议》的规定，考虑历史排放量的原因，发达国家应具有强制减排义务，而发展中国家目前仅具有自愿减排的义务。英国将节能减排列入商品范畴，允许企业通过"碳信贷"相关的排放交易制度

---

① 樊雅文. 英国低碳经济政策的实施及对中国的启示 [D]. 长春：吉林财经大学，2019.

进行自由贸易，积极减排且成效显著的企业可以从中获利。

英国碳排放交易体系，根据其运作方式可分为配额交易和信用额度交易两种模式。配额交易模式即先拟定绝对减量指标，然后分配到相关企业。信用额度交易模式则由参与者能源效率提升或制定减量专案计划而产生的额外减量为标准。UK-EST 的参与者还包括自愿承诺绝对减排的企业和相对减排的企业。承诺绝对减排的企业可获得政府资金支持，而承诺相对减排的企业则应与政府签订气候变化协议。UK-ETS 的企业参与方式主要分为直接、间接和协议参与。对于实际排放量大于其许可排放量的企业，则需要通过碳排放信用额度交易进行弥补，不能对未来的排放权进行借贷，反之则可以获得税收减免和出售配额获得利润或者存储备用。在政府支持下，部门企业也根据企业内部碳交易机制加大自身减排自主性。政府还通过制定个人碳交易制度为每个消费者家庭消费和旅行发放等量碳排放许可证。

2005 年，欧盟碳排放交易体系启动，UK-ETS 被纳入了 EUETS。为促进碳排放权交易市场的全球化并形成减排统一标准，协调英国和欧盟排放交易体系关系，避免双重规则，经欧盟委员会批准，部分英国企业可留在 UK-ETS，不必参与欧盟碳排放交易体系，待后期再实现顺利过渡。英国碳排放交易体系和其他政策促进低碳技术的发展，帮助英国电力系统实现到 2020 年减排 40%。英国还制定了单边的相关立法，让英国碳排放量进一步减少。

2021 年，英国能源白皮书声明确认英国将脱离欧盟的碳排放交易体系，从 2021 年 1 月 1 日起恢复本国碳排放交易体系。UK-TES 将成为世界上第一个净零碳排放限额和交易市场，其排放上限将比欧盟碳排放交易体系降低 5%。

2023 年，UK-ETS 经历了一系列重大变革，通过完善碳排放交易体系支持英国净零碳目标并应对短期的能源危机。英国宣布将削减 UK-ETS 配额总量，并对免费配额的分配进行审查，这将使英国的排放限制更加严格，特别是针对电力、工业和航空业。

7.2.2.4 培养低碳意识，倡导低碳消费

实现低碳经济，需要政府制定完善的政策体系进行引导，然后配合经济市场发展，发动民众积极参与。英国通过实施低碳相关公共政策，建立以市场为基础，由政府引导，由企业和个人作为生产与消费经济主体的低

碳发展体系，为低碳经济发展创造良好的外部环境。

英国政府关注公众消费意识向低碳方向的转变，因此开展多种宣传活动帮助公众了解低碳方式和日常低碳行为。例如英国政府组织"二氧化碳行动"，带动公众了解低碳生活方式和激发公众对低碳生活的兴趣；举办"英国气候变化节"，引领伯明翰市民树立低碳理念。

英国政府在 2006 年出资建立的节能信托公司，专门面向家庭推广减排措施，帮助家庭选择节能产品和设备，提高能源使用效率。同时，通过企业方面的融资，家庭可以申请 400~2 500 英镑来购买太阳能电池、小型水泵等低碳科技产品，从而减少家庭的碳排放量。不仅如此，英国政府还推行节能消费贷款政策（PAYS），为家庭提供最长 25 年的贷款，刺激家庭购买和更换节能设备。

英国交通部门提出"脱碳运输"的低碳交通战略，以整治交通环节的碳排放问题，发展低碳方式的公共交通。相关措施如对大型火车站的自行车的存放设施进行改良，以推广骑行等低碳出行方式；鼓励减少私家车的使用。2009 年，英国推出"巴士计划"，采用低碳巴士的运营商可以向政府申请补贴，弥补和传统巴士的燃料差价的 90%。

总体来看，英国已突破了发展低碳经济的最初瓶颈，走出了一条崭新的可持续发展之路。

7.3 美国低碳经济的发展

7.3.1 美国低碳经济发展概述

美国虽然至今没有加入《京都议定书》，但是美国长期以来积累了排放权交易的有益经验，国内的自愿减排市场发展迅速，政府也比较重视提高能源效率和节能减排。美国将发展低碳产业作为重振经济的战略选择。国际金融危机爆发以来，美国选择以开发新能源、发展低碳经济作为应对危机、重新振兴美国经济的战略取向。短期目标是促进就业、推动经济复苏；长期目标是摆脱对外国石油的依赖，促进美国经济的战略转型。

美国低碳经济的发展历史可以追溯到 20 世纪 70 年代，当时美国开始出台与能源和减排相关的法案，逐渐形成了完整的碳减排政策体系。奥巴马政府期间，美国高度重视低碳发展，2009 年 1 月，奥巴马宣布了"美国复兴和再投资计划"，将发展新能源作为投资重点，计划投入1 500亿美元，用3年时间使美国新能源产量增加1倍，到2012年将新能源发电占总能源发电的比例提高到10%，2025年将这一比例增至25%。2009年6月，美国通过了《美国清洁能源与安全法案》，该法案对提高能源效率进行规划，确定了温室气体减排途径，建立了碳交易市场机制，并提出了发展可再生能源、清洁电动汽车和智能电网的方案等，这些成为一段时期内美国碳减排的核心政策①。2014年，美国又推出了"清洁电力计划"，确立了2030年之前将发电厂的二氧化碳排放量在2005年水平上削减至少30%的目标，这是美国首次对现有和新建燃煤电厂的碳排放进行限制。2021年，美国又提出了新的目标，即"到2035年实现零碳污染电力系统"。

虽然美国在减碳政策上做出了一些努力，但由于两党执政理念的差异以及内部传统能源产业利益集团与新兴产业利益集团之间的冲突，美国的减碳政策经历了一波三折的发展过程。尽管如此，2007年美国二氧化碳排放已经阶段性达峰，并且自那时以来，其能源消费总量保持稳定且有所下降。这表明美国在低碳经济发展方面已取得了一定的成果。

7.3.2 美国发展低碳经济的政策措施

7.3.2.1 健全碳减排政策体系

从20世纪70年代起，美国多次出台能源与减排相关法案，逐渐形成完整的碳减排政策体系。1970年，美国通过《清洁空气法案》，制定国家大气环境质量标准和实施行动计划，以排污削减信用（emission reduction credits，ERCs）的排放权交易制度为基础，建立由"补偿""气泡""银行储备"和"容量节余"四项政策构成的排放权交易体系，为"酸雨计划"的成功打下坚实的实践基础。1990年，美国在《清洁空气法案》修正案中建立了"酸雨计划"，确立了排污权总量与交易模式，这是美国最成功的排污权交易实践，使二氧化硫排放量显著减少——1990—2006年排放总量下降了40%。围绕氮氧化物、二氧化硫和汞等大气污染物排放量的降低，2005年美国制定了以清洁空气州际规划为核心的综合性规划，2008年美国区域温室气体减排行动（RGGI）开始启动。

奥巴马政府期间，美国高度重视低碳发展，颁布了"应对气候变化国

---

① 骆华，费方域. 英国和美国发展低碳经济的策略及其启示 [J]. 软科学，2011，25（11）：85-88.

家行动计划"，明确了减排的优先领域，推动政策体系不断完备。2009 年通过的《美国清洁能源与安全法案》，用立法的方式提出了建立美国温室气体排放权（碳排放权）限额——交易体系的基本设计。该法案规定的减排目标为：至 2020 年，二氧化碳排放量比 2005 年减少 17%，至 2050 年减少 83%。尽管这一中期目标与国际社会的期望相距甚远，美国在应对气候变化的立法过程中依然面临诸多挑战，但该气候变化法案的出台仍标志着美国在二氧化碳的减排方面迈出了重要一步。

2014 年，美国推出"清洁电力计划"，同时，为了确保公平竞争环境，此计划为各州制定了因地制宜的减排目标。根据经济学家布什内尔（Bushnell）等人在 2014 年底的评估，与碳交易政策相比，"清洁电力计划"使得西部低价天然气的成本更低。此外，该计划还推动了美国向清洁能源的转型，更好地保护了美国免受其他污染物的影响。一系列应对气候变化的顶层设计，引领了美国碳达峰后的快速"去峰"过程。

7.3.2.2　重视发展新能源，加快能源系统变革

美国重视新能源发展——从新能源的年度财政支出，到新能源的开发利用，再到新能源领域的技术创新，都一直深受美国政府的重视。例如，克林顿政府对新能源采取的是积极的态度，鼓励使用可再生能源，强调提高能源的利用效率，倡导开发替代燃料汽车，并号召在发电和交通方面多利用天然气。小布什执政期间，美国已经开始展现出了对新能源的重视，先后签署并通过了《2005 国家能源政策法》及《2007 美国能源独立及安全法案》等。奥巴马上台后，把能源政策的重心转向开发全新能源，在关注节能问题的同时还注重减少能源污染。

美国充分利用市场机制，促进核电、太阳能、风能、生物质能和地热能等可再生能源发展和技术进步，推动能源结构不断调整优化。近年美国国内能源消费比重排序依次是石油、天然气、煤炭、核能以及可再生能源。2005—2017 年，美国煤炭和石油消耗比例持续下降，天然气消耗比例持续上升，在美国清洁能源转型过程中发挥了重要作用。美国联邦政府出台包括生产税抵免在内的一系列财税支持政策，各州政府则实施了以配额制为主的可再生能源支持政策，促进可再生能源发展。比如，美国风力发电量从 2008 年的 5 万吉瓦时增加至 2017 年的 25 万吉瓦时，占整个发电量的份额从 1.5% 增加至 6.9%；核电占美国总发电量的 20%，美国已成为世界上核电装机容量最多的国家；加利福尼亚州实施"百万太阳能屋顶计

划"，太阳能发电占全国太阳能发电总增长的43%①。

7.3.2.3 推动产业结构优化及重点行业能耗降低

美国多以财政政策、税收政策和信贷政策为主，依靠市场机制促进衰退产业中的物质资本向新兴产业转移，最后达到改善产业结构的目的。在政策和市场的引导下，美国钢铁工业、冶金工业、铝业等重点行业的能源消耗呈持续下降趋势。与此同时，能耗较低的第三产业得以快速发展，进一步推动美国将其劳动密集型制造业转移至发展中国家，显著降低能源消耗与碳排放。产业结构的调整优化，促使美国温室气体排放与经济发展呈现相对脱钩趋势。从1990年到2013年，美国GDP增长75%，人口增长26%，能源消费增长15%，而碳排放量只增长了6%②。

7.3.2.4 采取激励性的财税政策降低能源消耗

美国陆续制定了一些发展清洁能源、节能降耗、鼓励消费者使用节能设备和购买节能建筑方面的财税政策，主要是利用补贴和减税措施激励能源使用效率的提高，制定补贴期限。美国政府为实施能源效率措施的企业和个人提供税收优惠。这包括对能源效率改进投资的抵免和减税措施。企业和个人通过采取节能措施和使用能效更高的设备来降低能源消耗，从而获得经济上的激励。

为了推动可再生能源的发展，美国政府通过对可再生能源生产的税收抵免进行激励。这意味着可再生能源生产者可以减少所需缴纳的税款，从而降低他们的成本，并提高可再生能源的竞争力。美国政府为在低碳技术研究和开发方面投入资金的企业提供税收优惠。这些优惠措施旨在鼓励创新和技术进步，促进低碳经济领域的科学研究和发展。能源补贴计划是美国政府向清洁能源公司提供的一种补贴，以帮助它们在市场上竞争。这些补贴可以帮助公司降低成本，提高效率，从而减少能源消耗。

美国政府通过对需求方的补贴策略，刺激人们的提高购买意愿，通过需求创造供给来提高政策的有效性。例如，美国对在2006年到2010年之间购买的柴油、替代燃料、电池以及混合的车辆减免250~3 400美元的所得税。为了推动绿色建筑的发展，政府提供了税收优惠，以鼓励企业和个人采用可持续建筑标准。这些优惠包括对符合特定能源效率和环境标准的

---

① 赵敬敏，崔永丽，王树堂. 美国低碳发展经验值得借鉴[EB/OL].（2022-05-06）[2023-11-20].http://mrl.drc.jiangxi.gov.cn/art/2021/5/6/art_75361_4284561.html.

② 同上。

建筑项目提供税收减免或抵免，对在 IECC 标准基础上再节能 30% 以上和 50% 以上的新建建筑，每套房可以分别减免税 1 000 美元至 2 000 美元；给予可再生能源的企业补贴，补贴资金达 50 亿美元。

7.3.2.5 推动低碳技术创新

美国深知低碳技术的重要作用，依托其在能源效率和可再生能源方面的技术和市场优势，大力发展低碳技术。美国的低碳技术不仅包括清洁能源技术，还包括节能技术和碳排放处理技术。1972 年，美国就开始研究整体煤气化联合循环技术，配合燃烧前碳捕集技术，目前美国已基本实现清洁煤发电。碳捕捉和封存技术（CCUS）是美国气候变化技术项目战略计划框架下的优先领域。

美国提出了氢能经济和未来电力计划，试图通过开发氢能经济体系和大幅度提高煤炭的利用效率来降低对国外石油的依赖度。在核能方面，美国重返国际热核聚变堆的合作研究，更重视核聚变能的开发，提出了第四代核裂变反应堆的设想，为进一步发展核能技术奠定了基础。美国提出了气候变化技术项目战略计划框架下的科学研究与试验发展（R&D）项目组合，其高优先级核心问题是碳捕捉和封存技术，通过它们来大幅减少点源排放的二氧化碳和大气中的二氧化碳，并能在未来继续使用煤和其他化石燃料。

7.4 日本低碳经济的发展

7.4.1 日本低碳经济发展概述

日本是典型岛国，能源匮乏，许多重要资源对外依赖程度非常高。在此背景下，日本历来重视发展低碳经济，在太阳能、风能、海洋能、地热、垃圾发电、燃料电池等新能源领域，都处于世界顶尖水平。日本积极倡导和推进低碳经济的发展，低碳经济的理念不仅体现在法律规范方面，更体现在民众深植"低碳"观念上。

日本的低碳经济发展历史可以追溯到 20 世纪 70 年代，当时日本开始构建全方位的环保法律体系，以应对公害问题。到了 20 世纪 90 年代前半期，日本碳排放量与 GDP 总量保持同步。然而，受到金融危机、互联网泡沫破裂和福岛核事故的影响，1996—2012 年期间，日本的碳排放量与 GDP

出现了震荡波动。为了应对这些挑战并推动绿色社会发展，日本在 2013 年启动了"能源革新战略"，推动核电重启，并积极发展氢能、风能、光伏太阳能等新能源。这一政策取得了显著的效果，使得 2013—2019 年，日本的 GDP 总量与碳排放量实现了脱钩。2020 年 10 月，日本首次提出了低碳发展目标，即在 2050 年实现"碳中和"，并将"经济与环境的良性循环"作为经济增长战略的支柱。此外，日本还计划在 2030 年前将温室气体排放量较 2013 年减少 46%。

总的来说，日本的低碳经济发展历程充满了挑战和机遇。通过不断的政策调整和技术创新，日本已经成功地将低碳发展融入其经济社会发展中，并在全球范围内发挥了领导作用。

7.4.2 日本发展低碳经济的政策措施

7.4.2.1 完善低碳经济政策法规体系

日本为了保证低碳经济的快速发展，对许多已有的有关能源环境的法律进行了完善和修改，并且随着发展也制定了很多新法律。日本已经通过立法把低碳经济的发展放在了国家战略高度，为低碳经济的发展指明了道路。日本通过立法也保证了执政党更替时不会改变构建低碳社会的最终目标，为低碳经济的发展铺平了道路。

日本最早有关低碳经济的法律可以追溯到 20 世纪 70 年代末出台的《节约能源法》，颁布实施后日本对该法进行了多次修订。

在 20 世纪 80 年代后，日本为解决气候变化问题，将能源、环境与经济三方面相协调，提出了能源安全、环境保护和经济发展为核心的政策。之后《地球温室化对策推进大纲》与《新国家能源战略报告》，推动日本调整能源结构，控制因化石能源消耗产生的温室气体排放。2007 年，日本颁布了《21 世纪环境立国战略》，提出了建设可持续发展社会（即"低碳化社会""循环型社会"和"与自然共生的社会"）；2008 年，《能源合理利用法》修正案和《推进地球温暖化对策法》修正案的制定，在能源使用和阻止大气温度上升方面提出了一些新的政策要求。随着减碳政策的完善，日本开始要求构建低碳社会，实现碳减排目标。

2010 年《气候变暖对策基本法案》规定日本 2020 年碳排放要比 1990 年减少 25%，2050 年要比 1990 年减少 80%，并指出要在核电、可再生能源、交通运输、技术开发、国际合作等方面实施措施推动碳减排。此后，日本又推出了《低碳城市法》《战略能源计划》《全球变暖对策计划》等多项政策法规，以新能源创新为主线，推动各部门低碳发展。日本通过建立比较完善、系统的政策法规体系，保障了低碳经济发展的稳步推进。

7.4.2.2 积极支持低碳技术的研发

构建低碳社会的核心在于研发低碳技术，日本非常重视低碳技术的研发与创新，将其视为构建低碳社会的关键。

（1）加大对研发低碳技术资金的支持，减少创新融资成本。日本政府对从事低碳技术创新的研究机构或企业提供研发补贴、低息贷款、减免税金等必要的财政支持，分担创新融资成本。一是提供低碳技术创新的财政支持。据不完全统计，2013—2018年，日本内阁、经济产业省、环境省共资助14.58亿美元用于氢能研发和补贴经费。经济产业省、环境省每年拨出约1.5亿美元用于碳捕捉和封存的研发。2020年，日本经济产业省将绿色投资视为日本疫后重塑经济的重点，政府投入大量资金，鼓励海上风电、氢氨燃料、核能、碳循环等14个行业技术创新。二是制定低碳技术创新转化的政府补贴政策。2010年，日本经济产业省提出"低碳型创造就业产业补助金"制度。2020年，日本经济产业省提出通过补贴和税收优惠等激励措施，动员超过240万亿日元的私营领域投资于绿色项目[①]。三是提供节能环保设备投资辅助金。日本政府为了鼓励企业进行节能环保设备的投资，提供了一系列投资辅助金。例如，2021年，日本环境省决定新设专项补贴制度，以支持在疫情下承受经营压力的中小企业增加节能减排投资，在2021年度补充预算中追加了30亿日元[②]。四是提供低息融资支持。日本政府为了推动环保投资企业的发展，实施了一系列的低息融资支持政策。2020年，经济产业省（METI）在其出台的《气候创新金融战略2020》中详细规划了为了取得"碳中和"达标所需的金融工具。在文件中，METI指出，政府将重点支持与产业革新有关的环保投资。此外，日本环境省制定的战略计划中就包括运用灵活的财政预算手段制定需求清单，以国家资金提供支持为保障，大力发展绿色金融，为其绿色经济和社会的可持续发展提供了强有力的支持。据日本环境省的数据，2万亿日元

---

① 陆小成.日本低碳技术创新的经验与启示[EB/OL].（2021-10-25）[2023-11-20].http://www.cec1979.org.cn/cecm/view.php? id=7134.

② 李沐航.日本政府新设专项补贴支持中小型企业更换减排设备[EB/OL].（2021-12-01）[2023-11-20].https://www.jpfanyi.com/news/show-7089.html.

的政府绿色创新基金可撬动企业15万亿日元的研究开发和设备投资，极大地促进了产业结构向绿色低碳转型。

（2）加强低碳技术创新。技术创新常用的衡量指标是研发费用（R&D）占GDP的比重，日本2000—2009年R&D/GDP的比重在2000年为3.18%，到2009年增加到3.64%，其中最大值出现在2008年（3.8%），研发费用从2000年的16.3兆日元增长到了2009年的17.2兆日元①。此外，日本还发展"产官学"一体化体系，来加强大学和企业间的合作，共同推动低碳技术的研发和创新。为实现低碳社会的目标，日本政府设计出一套低碳技术的路线图，在强调政府在基础研究中的作用和责任的同时，鼓励私有资本对科技研发的投入，保证技术创新的资金投入；同时，建立官产学密切合作的国家研发体系，以便充分发挥各部门科研机构的合力，集中管理，提高技术研发水平和效率。

7.4.2.3 积极发展清洁能源，提高能源效率

日本政府致力于发展清洁能源，设定了可再生能源在全国总能源消耗中占比的目标。根据能源政策目标，到2030年，可再生能源的比例应达到22%~24%。截至2021年，日本可再生能源的占比已经达到18.7%，比2010年增长了6%。太阳能和风能是最常见的可再生能源形式之一，日本在这两方面取得了显著的进展。截至2021年，日本太阳能发电容量为67.2 GW，比2010年增长了17倍。而风能发电容量为4.13 GW，比2010年增长了3倍。在福岛核电站事故后，日本政府决定逐步减少核能发电的比例。截至2021年，日本核能发电仅占全国总发电量的5%，比2010年减少了13%②。日本正在逐步减少对核能的依赖，并加大对其他清洁能源的投资和支持。政府通过制定激励政策，鼓励私人企业和市民参与清洁能源的发展，在基础设施建设、技术研发和市场推广等方面提供支持。此外，政府还推出了购电制度，将清洁能源与传统的能源发电结合起来，促进可再生能源的大规模应用。

日本在电力、交通、建筑等领域积极采取各项措施减少能源碳排放，提高能源效率。这些措施不仅有助于降低能源消耗，还可以减少环境污染，提高生活质量。

---

① 金永男.日本低碳经济政策践行及对我国的启示［D］.大连：东北财经大学，2012.
② 李可儿.日本政府增加对可再生能源的依赖［EB/OL］.（2023-07-18）［2023-11-20］.
https://www.163.com/dy/article/I9V5SN4B0514AOUF.html.

首先，日本在电力领域实施了多种策略来提高能源效率。日本电力系统的传输和配送损失仅为总发电量的 5%，而世界平均水平约为 7%。除此之外，日本还着重推广可再生能源的利用。根据国际能源机构（IEA）的调查，2019 年日本太阳能光伏装机容量达到 63.3 GW，位居世界第三。此外，日本还鼓励民众使用高效家电，如节能灯、高效空调等。

其次，在交通领域，日本积极开发和应用氢能。氢能源清洁、无污染，被视作"完美能源"。目前日本已经研制出多种氢能运输工具，包括巴士、卡车、列车等。比如，2014 年丰田推出世界首款氢能量产车"未来"（MIRAI）；2020 年 12 月，丰田宣布第二代 MIRAI 正式在日本市场上市，最高续航里程可达 850 千米。此外，2017 年配备大容量氢燃料电池的巴士首次在日本投入运行。用于物流的大型氢能源卡车是日本各大汽车公司积极研发的热点。2018 年，丰田正式对外展示了第二代氢燃料电池卡车①。如今，日本把研发重点放在远程交通工具上，例如氢能源飞机和快铁，并明确了投入市场的目标。

最后，在建筑领域，日本也采取了一系列举措来提高能源效率。日本政府实施了建筑节能法，强制规定建筑应满足一定的能源效率标准。此外，日本建筑行业推广了节能技术和设备，如高效隔热材料、智能家居系统等。例如，东京奥运会场馆建设采用了太阳能板、LED 照明等节能设备，以及创新的建筑设计，使场馆的能源消耗大幅减少。

7.4.2.4 实施多项鼓励低碳节能的财税政策

日本是二氧化碳排放量居高不下的国家之一。为了应对气候变化的挑战，日本政府积极推动低碳经济发展，并通过一系列财税政策来实现这一目标。

（1）20 世纪 70—80 年代，日本政府出台多种财税政策促进能源供应和消费的转型。20 世纪 70 年代初，日本一次性能源供应中石油和化石分别占比 77.4%、15.5%，而天然气、原子能、水力和其他新能源仅占 7.1%。为了改变这种状况，日本通过增加政府投资和财政补贴等手段提升煤炭、石油等化石能源的清洁化程度，加大研发可再生能源技术。日本于 1974 年提出了"阳光计划"，进行太阳能、地热、煤能和氢能等新能源开发；1978 年，日本又提出"月光计划"，强化研究和开发节能技术，回收和利用尚未被使用的能源，提高能源利用率；1989 年，日本政府提出"环

---

① 刘霞. 向氢能借力 日本打造交通减碳立体网络［EB/OL］.（2022-07-10）［2023-11-20］.https://baijiahao.baidu.com/s? id=1737976022227959767&wfr=spider&for=pc.

境保护技术开发计划",并于1993年将上述3个计划合并成了"新阳光计划",大力支持新能源的研发。日本政府自1993年开始每年为"新阳光计划"实施570多亿日元的拨款,而资金的64%用于新能源技术研究与开发[①]。在节能补贴方面,日本主要有针对产业和运输业的"能源利用合理化特定设备等资金利息补贴金""促进利用汽车燃料效率改善系统补贴""能源使用合理化支援补贴";针对民生的"促进利用住宅、建筑物高效率能源系统补贴";针对地方政府的"区域节能普及促进对策费"等。

(2)20世纪90年代以来,日本能源转型财税扶持政策的重点转向新能源、能源运输和存储、能源利用以及二氧化碳固定和留存等方面。税收优惠也侧重于鼓励节能、新能源的开发和利用。1998年、2011年日本分别制定了"能源供给结构改革投资促进税制""绿色投资减税制度",税收减免对象针对进行新能源开发和利用的企业、收购新能源设备的个人和法人。

7.4.2.5 积极参与国际低碳合作

(1)推动低碳技术的国际合作。日本积极推动低碳技术国际合作,通过技术转让和技术援助等方式,帮助其他国家提升低碳技术水平。例如,日本成立了"低碳技术中心",通过提供技术指导和技术支持,帮助发展中国家推广应用低碳技术。此外,日本还承诺提供10亿美元的资金,用于帮助亚洲地区开发低碳技术,以应对气候变化和环境污染问题。日本与中国、韩国、澳大利亚等国家签署了关于氢能源合作的谅解备忘录。根据协议,这些国家将共同推动氢燃料电池汽车等氢能技术的发展和应用,共同应对全球气候变化挑战。此外,日本还与欧洲各国、美国等进行合作,共同研究和开发新型能源技术和低碳技术。这些国际合作有助于加速低碳技术的推广和应用,促进全球范围内的可持续能源发展。

(2)推进低碳金融国际合作。日本通过大量发行绿色债券、参与国际机构与平台建设以及政策支持和产业升级等措施,在低碳金融国际合作方面进行了积极探索。绿色债券是指用于资助环境友好项目和可持续发展项目的债券。日本通过发行绿色债券,为符合环保标准的项目提供资金支持,推动可持续发展。日本是全球绿色债券市场最大的发行人之一,截至2021年底,日本已在国际市场发行了超过1 500亿美元的绿色债券,在国

---

① 韩仁月,李润雨.碳中和目标下日本促进能源转型的财税政策 [J].现代日本经济,2022,41(2):20-35.

际市场上的绿色债券发行额占全球绿色债券总额的15%以上，位居世界第二①。日本已经发行的绿色债券涵盖了多个行业和领域。其中，房地产行业、交通运输行业和能源行业是发行绿色债券最活跃的行业。这些行业通过发行绿色债券，为绿色建筑、可再生能源和低碳交通等项目提供了资金支持。日本在低碳金融国际合作方面的表现也体现在积极参与国际机构和平台的建设。例如，日本积极参与国际金融机构的工作，包括亚洲开发银行和世界银行等。此外，日本还发起成立了亚洲绿色金融合作组织，这是一个致力于推动亚洲国家绿色金融发展的平台。通过参与国际机构和平台的建设，日本在低碳金融的国际合作中发挥了重要作用，为其他国家提供了经验和支持。另外，日本还通过政策支持和产业升级推动低碳金融国际合作。日本政府在推动低碳金融发展方面制定了一系列政策措施，包括为绿色债券发行提供税收优惠和财政补贴等。此外，日本政府还积极支持可再生能源和节能环保产业的发展，为低碳金融提供了政策支持和市场需求。

（3）推动低碳发展规划的制定和落实。日本致力于推动低碳发展规划的制定和落实，为各国提供指导和支持。例如，日本与联合国环境规划署合作，支持发展中国家制定和实施低碳发展规划。此外，日本还通过提供技术援助和资金支持，帮助一些国家建立低碳发展基金，用于支持低碳经济项目的实施。

（4）推进低碳城市合作。日本积极推动低碳城市合作，通过与其他国家的城市交流经验和技术，共同探索可持续发展的城市模式。例如，日本与中国合作，通过建立低碳城市示范区，推动低碳城市的建设和发展。同时，日本还与其他国家共同举办低碳城市高层论坛和研讨会，分享低碳城市建设的经验和技术。日本积极参与国际援助与合作项目，并提供技术和经济支持。例如，日本在2013年发起的"低碳城市合作项目"旨在帮助亚洲地区的城市发展低碳经济，提高能源效率。根据数据显示，该项目已经支持了30多个城市的低碳发展，为这些城市提供了清洁能源技术和城市规划方面的支持。此外，日本还积极参与国际碳市场建设和气候变化谈判等国际合作机制，促进国际低碳技术的交流与合作。

---

① 林涵，毛倩. 日本金融发展现状与中日绿色金融合作展望[EB/OL].（2021-07-03）[2023-11-20].https://mp.weixin.qq.com/s? __biz＝MzI0MjU3Njg5MA＝＝&mid＝2247502583&idx＝1&sn＝d8f3cffcee85c9572c04bdf0c9f8f9ed&chksm＝e978b662de0f3f74aaff88e314c562303862a17e2892cf6d4f66cf8ae5f91b43014e2c7da722&scene＝27.

7.5 本章小结

他山之石，可以攻玉。随着全球气候变暖，发展低碳经济已成为越来越多国家的重要战略选择。欧盟、英国、美国、日本等发达国家和地区在发展低碳经济方面已经探索了几十年乃至上百年时间。欧盟通过设定碳减排目标、发展碳排放交易市场、实施环境税、财政补贴等公共财政措施推动低碳经济发展；英国通过制定相关政策法规、建立碳基金、完善碳排放交易市场、培养公众低碳意识，倡导低碳消费等措施来实现低碳化发展；美国通过健全碳减排政策体系，不断调整优化能源结构、采取激励性的财税政策推动产业结构优化及降低能耗，推动低碳技术创新；日本通过立法把低碳经济的发展放在了国家战略高度，积极支持低碳技术的研发，积极发展清洁能源、提高能源效率，实施多项鼓励低碳节能的财税政策，积极参与国际低碳合作。

虽然不同发达国家和地区的政策措施和治理模式不尽相同，但都紧密结合了各自的具体实际，为我们探索中国及重庆如何发展低碳经济提供了借鉴。这也启发我们，必须紧密结合中国及重庆的历史传承、体制机制、发展基础、资源禀赋等实际，采取适合自身特点的特色做法和措施。

第8章 重庆外贸转型升级的路径与对策

大力发展低碳经济，是大势所趋的历史潮流。当前，全球都在积极发展"绿色"产业，谁能抢占绿色贸易新赛道，谁就能拓展贸易伙伴、优化贸易结构、强化低碳产业进出口，为外贸进出口提供增长新空间和有力保障。重庆要实现外贸转型升级，提升产品的国际竞争力，绿色化、低碳化是最好的抓手。重庆必须主动适应形势、顺应大势，加快外贸转型升级，促进粗放型、高碳化的外贸增长方式向低碳、绿色内生型增长转变。基于前面的理论及实证分析结果，借鉴国外低碳经济的发展模式和经验，结合中国国情及重庆对外贸易发展的实际情况，本章提出低碳经济背景下促进重庆外贸转型升级的主要路径与对策建议。

8.1 加强政府的制度和政策引导，建立完善激励约束机制

适应低碳经济发展要求、促进和加快外贸转型升级的本质，是要提高能源的利用效率、促进清洁能源的发展和使用。逐利而行的企业很少主动自觉而为。因此，建立健全激励约束机制、加强政府的制度和政策引导至关重要。

重庆市政府以深入贯彻与贸易高质量发展相关的指导意见为契机，出台了《重庆市推动外贸高质量发展三年行动计划（2022—2024 年）》，对促进外贸转型升级加强了宏观层面的政策和制度引导。下一步，建议重点围绕以下几个方面具体细化，以便更好地推进落地生效。

8.1.1 实施更加积极的财政和税收政策，激励企业低碳技术创新

由前面实证分析可知，技术进步因素对重庆外贸转型升级的推动作用

比较小，作用没有得到充分发挥。因此政府十分有必要搭建一定的科技平台，以促进外贸转型升级的主体即外贸企业的技术能力的提升。

就重庆中小外贸企业而言，很多企业由于自身资金力量薄弱，面对发达国家的碳壁垒可能束手无策。政府可以通过财政补贴、税收减免等手段支持外贸企业的出口转型，一定程度上补偿企业因节能减排和保护环境所付出的成本，为市内对外贸易的低碳发展创造一个良好的法律和政策体系。针对重庆外贸企业实际，围绕市场主体需求，特别是中小企业的需求，对现行的贷款优惠、减税降费、退税缓税措施，该延续的延续，该优化的优化，并持续整治违规涉企收费，精准施策助力企业减负增能，切实降低外贸企业的运营成本，促进外贸转型升级。此外，市政府可以增加财政支出强度，统筹财政收入、财政赤字、贴息等政策工具，适度扩大财政支出规模，用于支持外贸企业的研发、市场拓展等方面；可以加大财政金融对低碳产业和高新技术产业的扶持力度，充分发挥政府资金的示范带动作用和乘数效应；可以合理调整地方政府专项债券规模，适当扩大投向领域和用作资本金范围，用以支持外贸企业的技术改造和升级，持续形成投资拉动力。

8.1.2 培养贸易发展新动能和壮大经营主体

以供给侧结构性改革为主线，进一步支持完善研发、营销、物流、金融、信息等公共服务功能，强化具有重庆特色的区域品牌培育和国际市场开拓，培育外贸发展新动能。通过加大研发投入、鼓励企业创新等方式，推动新技术、新产品的研发和应用，以提高外贸产品的国际竞争力。支持专业外贸企业提升国际化经营能力，通过开拓新的国际市场、加强与国际大买家的合作等方式，拓展企业的销售渠道，提高企业的市场份额。通过优化供应链管理、降低物流成本等方式，提高企业的运营效率和盈利能力，认定培育一批具有国际国内资源配置能力、具备全球采购和销售网络的优强外贸企业。深化分类培育、精准指导、基地孵化，挖掘企业出口潜力，引进总部型贸易企业，壮大市场主体，进而不断优化商品结构、优化国际市场布局、优化贸易方式，推动产业升级，提高产品质量和附加值。

8.1.3 提高引进外资的水平和质量

从前面实证分析的结果来看，利用外资水平对重庆外贸转型升级有较弱的抑制作用，与预期结果不一致。虽然近年来外商直接投资在重庆的各个行业分布逐渐广泛，但主要还是集中在制造业和附加值较低的服务业，外资很大一部分还进入了重庆的房地产业，而对高新技术产业的投资资金相对较少，这不利于重庆市产业结构升级。因此，重庆要把引进外资与促进外贸转型升级紧密结合起来，注重提升引进外资的水平和质量。

一是用好政策，在外资引入时就注重高质量。充分释放培育建设国际消费中心等重大试点政策机遇，瞄准世界 500 强企业、知名跨国公司，市、区县联动，着力引进一批高质量外资项目。二是抓平台，吸引高质量企业和项目。充分发挥两江新区、重庆高新区、经济技术开发区、西部（重庆）科学城、自贸试验区、综合保税区等重点开放平台的主阵地效用，引导重大外资项目、龙头企业集聚。积极推动和引导海外资本加大对低碳环保新型技术的前期投入，直接参与清洁能源、可再生能源、减排技术等具有战略意义的低碳环保技术的研发投入，形成低碳技术研发的多元化投资格局，降低低碳技术研发的风险。

8.1.4 引导民众树立低碳消费观念

员工是企业的主体，民众是消费的主体。如何引导民众树立正确的低碳消费观念，进而通过无数个人的低碳购买行为，倒逼生产者生产低碳产品，也是加强低碳贸易不容忽视的重要途径。一是注重加强教育和宣传。通过各种媒体和教育机构，加强对公众的低碳经济和绿色发展的教育和宣传，提高公众的环保意识和参与度。二是注重融入社区活动。通过组织各种社区活动，如环保志愿者活动、绿色生活体验活动等，让公众亲身参与到低碳经济和绿色发展中来，增强他们的环保意识和实践能力。三是注重消费者行为引导。通过政策引导和市场机制，鼓励消费者选择低碳和绿色的产品和服务。政府可以通过提供税收优惠、补贴等方式，降低绿色产品的价格，吸引消费者在日常生活中多购买节能灯、太阳能热水器等节能环保产品。四是注重非政府组织的参与。鼓励非政府组织积极参与到低碳经济和绿色发展的推动中来，发挥他们在环保教育、技术研发、政策倡导等方面的作用。五是注重建立公众参与机制。公众参与机制能够让公众参与到低碳经济和绿色发展的决策过程中来，增强他们对这一过程的了解和认同感。

8.2 不断优化进出口产品结构，实现"重庆制造"向"重庆智造"转变

制造业一直是重庆的产业优势和强项，但在生态环境资源和经济冲突的新的历史阶段，中低端制造业显现出越来越多的问题。要实现"重庆制造"向"重庆智造"转变并不容易，它是一个系统工程，涉及多个方面的协同推进。

8.2.1 加强出口产品技术创新

优化出口商品结构，加强技术创新是关键。政府应加强对知识产权的保护，制定有利于技术创新的政策，为企业提供税收优惠、资金支持和技术指导，鼓励企业进行技术研发和创新，引导出口制造业向高技术、高附加值的产业方向发展。

要加强与国际先进企业和科研机构的合作与交流，引进国外先进技术和管理经验，加快技术消化和吸收。国际合作、交流与技术引进可以提高企业的技术水平，促进出口商品结构的优化。要加强企业与高校、科研院所之间的合作，共同开展技术研发和成果转化。产学研合作可以加速技术创新的进程，提高企业的技术水平。

要加快推进绿色制造，大力培育环保产业。要积极采取措施来规避和应对发达国家不合理的低碳贸易壁垒。在技术密集型和知识密集型产业领域，开发具有产业带动意义的低碳新兴技术、具有低碳经济特征的新兴产业，生产具有自主知识产权的高新技术出口商品。在产业升级过程中，还要注意产业特点及产业与上下游产业间的关系。比如，光伏产业是环保产业，但其上游的多晶硅生产却需要消耗大量能源。产业升级既要涵盖生产行业，还应包括相关产业，如绿色物流利用先进物流技术进行运输、储存、包装等活动可达到降低环境污染、减少资源消耗的目标，对产业链上下游减少消耗和污染都起到至关重要的作用。

要大力实施创新驱动发展战略，鼓励企业进行技术创新和管理创新。创新驱动发展可以提高企业的核心竞争力，促进出口商品结构的优化。要鼓励企业加大研发投入，推动新技术、新产品的研发和应用，并通过建立

技术转移中心等机构，促进科技成果的转化和应用。通过优化科技成果的源头供给，提升科技成果中试熟化水平，加速产业迭代升级，助力重庆由"制造重镇"迈向"智造重镇"。

8.2.2 进一步优化进出口供应链管理

供应链管理是企业继自然资源、人力资本后的第三个利润增长源泉，优化和稳定供应链是实现我国产业结构优化升级的重要途径。进一步优化进出口供应链管理，不仅可以提高企业的运营效率和管理水平，降低物流成本，还可以更好地适应市场需求变化，提高市场反应速度，从而提高出口商品的市场占有率，并有助于提升产业链供应链的现代化水平，增强其应对各种风险的能力，在优化出口商品结构中起着十分关键的作用。重庆可以通过建设智慧物流园区、推广电子商务等方式，优化供应链管理，降低物流成本；可以通过引进先进的物流设备和技术，提高企业的运营效率和服务质量。同时，市政府应指导和鼓励外贸企业通过简化供应链流程和环节，减少中间环节和非必要环节，以优化供应链结构，提高供应链的效率和可靠性，降低供应链的成本和风险；指导和鼓励外贸企业不断改进供应链的各个流程，包括采购、运输、存储和销售等交易过程，以提升效率。此外，在技术方面，企业可以通过采用信息化技术，来实现供应链的数字化、智能化和可视化。这不仅可以提高供应链的透明度，也有助于企业更好地应对市场变化和客户需求变化。企业还可以通过建立供应商评估体系和供应商绩效考核机制，来加强对供应商的管理和监督，借此提高供应商的服务质量和供货能力，降低采购成本和风险。最后，企业需要重视供应链资源整合，包括与上下游合作伙伴的关系管理，如对外贸工厂、供应商、分销商、零售商、最终用户以及相关的货代物流公司、保理公司、第三方营销公司等的关系管理。企业应通过对供应链进行优化，形成持续的供应链能力。

总体而言，不断优化出口商品结构，实现"重庆制造"向"重庆智造"转变，是一个全方位、多层次的过程，涉及政府、企业和科研机构的紧密合作和共同努力。通过实施以上措施，重庆有望在智能制造领域取得更大的突破和发展。

8.3 进一步优化产业结构，创新发展服务贸易

在几大产业中，服务业是能耗和二氧化碳排放较少、附加值较高的一个产业，其碳排放强度远小于制造业。当前重庆服务贸易出口比重偏低，提高服务贸易出口比重将有助于推动重庆外贸增长方式向低碳化转型。

8.3.1 发展金融服务贸易

一是进一步加强金融核心区建设。金融核心区的建设是推动区域经济发展、提升金融服务实体经济能力的重要手段。金融核心区能够吸引更多的金融机构入驻，形成金融机构的集聚效应。通过金融机构、金融功能、金融人才的集聚，可以促进金融知识和信息的共享，有效地提高金融服务的效率和质量，促进金融业的高质量发展。重庆还需要在江北嘴、解放碑、长嘉汇等金融核心区建设再着力、再投入，以吸引境内外金融机构在渝布局区域总部、后台服务中心，并培育新型特色金融机构，推动金融机构高质量集聚。

二是进一步推动金融科技发展。金融科技有助于提升金融的普惠性和韧性，也能进一步赋能实体经济高质量发展。数字科技与金融的结合，能够有效解决普惠金融发展的痛点，提升金融服务普惠性。重庆正在积极引进和培育金融科技头部企业和项目，打造金融科技产业生态链，并引导金融科技企业更多地服务小微、"三农"等普惠金融领域。下一阶段，重庆还可以在加快推进金融数字化转型、健全数字普惠金融服务体系、运用金融科技增强银行的小微信贷能力、全面实施金融科技赋能乡村振兴示范工程等方面再下功夫，多务实效。

三是进一步鼓励绿色金融创新。绿色金融体系是指通过绿色信贷、绿色债券、绿色股票指数和相关产品、绿色发展基金、绿色保险、碳金融等金融工具和相关政策支持经济向绿色化转型的制度安排。近年来，金融机构已经加快建立健全绿色金融重大项目库、创新系列绿色金融产品，加大对整个绿色低碳领域发展的支持力度，推动绿色贷款、绿色债券规模快速增长。加强绿色金融创新对于促进可持续发展具有重要意义。重庆正在推动绿色金融改革创新试验区的建设，支持设立绿色专营金融机构，并鼓励

金融机构创新绿色债券、绿色信贷等产品与服务。下一步，金融机构需要加快建立健全绿色金融重大项目库和创新系列绿色金融产品的步伐，以提升对整个绿色低碳领域发展的支持力度。要构建绿色金融体系，加强金融产品创新，加强国际合作，引导更多金融资源投向绿色低碳领域。要积极参与绿色金融产品和服务的开发与推广、绿色金融市场建立和健全、绿色金融发展规则的形成和完善，这将有利于提高重庆金融机构在国际金融市场的主动权和影响力。

8.3.2　推动服务贸易数字化发展

在当今全球化的环境下，服务贸易数字化能够突破时空限制，提供更加高效、便捷的服务，具有显著的优势和重要性。特别是在疫情的冲击下，数字贸易展现出了强大的韧性与活力，成为推动全球贸易复苏的重要引擎。重庆也在积极推动电信、计算机和信息服务等可数字化交付的服务贸易的发展，并在 2022 年达到了 62.4 亿美元的贸易额。下一步，重庆还需要从以下几方面推进服务贸易数字化进程。

一是构建以重庆服务贸易为核心的数字服务平台。利用互联网技术和数字化手段，通过跨境互联网、增值电信、数据中心等方式，将服务或数字化产品输出到国外市场进行交易或消费，已经成为新的贸易趋势。构建以重庆服务贸易为核心的数字服务平台，可以借助平台的整合和链接功能，加大数字贸易服务合作。在构建以重庆服务贸易为核心的数字服务平台的过程中，首先要明确平台的定位和目标是以服务贸易为核心，提供全方位的数字化服务；其次要进行平台的设计和开发，包括功能设计、用户界面设计、数据库设计等，注意充分考虑用户体验，使平台易于使用，同时也要注重平台的安全性和稳定性。在平台测试阶段，需要对平台进行全面的功能测试和性能测试，确保平台的可靠性。在平台的推广和运营阶段，要制定有效的营销策略，提高平台的知名度和影响力；要建立完善的客户服务体系，提供优质的客户服务；要根据用户反馈，持续更新和优化平台功能，满足用户的不断变化的需求；要利用平台的整合和链接功能，加大数字贸易服务合作。此外，还要建立严格的数据保护政策和措施，保护用户的隐私和商业秘密。

二要进一步加强与共建"一带一路"国家服务贸易数字化合作。重庆与共建"一带一路"国家的贸易额年均增速 9%，显示出双方贸易往来的活跃性以及巨大的市场潜力。例如，重庆市已与新加坡开展跨境数字贸易发展战略合作，构建跨境电商数字金融服务网络。开展服务贸易数字化合作，既是重庆全面融入共建"一带一路"、加快建设内陆开放高地的需要，也有助于提升通道互联互通水平，增强国际要素集散功能，包括建设内陆国际物流枢纽、强化国际航空枢纽功能和建设国际信息枢纽。这些举措有利于促进各类资源要素跨境流动便利化，培育更多经济合作增长点，有利于提升重庆在数字化服务贸易领域的实力和影响力。

8.3.3　积极承接国际服务外包

服务外包是发展国际服务贸易出口的重要方式，能够有效解决较高层级的就业问题，促进国内服务业的发展与升级，推动制造业优势的升级。新的历史时期，服务外包已经成为以数字技术为支撑、以高端服务为先导的新型业态，对于推进贸易高质量发展、建设数字中国有着重要的作用。在当前复杂的国际国内经济形势下，服务外包产业有利于培育贸易新业态新模式，有利于我国与全球价值链实现更加紧密的合作，不断向价值链高端攀升。重庆应当把承接国际服务外包作为扩大服务贸易的重点，发挥重庆作为西部地区人力资源丰富的优势，鼓励入驻企业积极承接信息管理、数据处理、财会核算、技术研发和工业设计等国际服务外包业务。

一是要提升产业链的技术含量和附加值，推动服务外包向高技术、高附加值、高品质、高效益的方向转型升级。重庆市已经出台了《重庆市推动服务外包转型升级实施方案》，并且正在实施"产业提升行动""固本强基行动""市场拓展行动"和"环境优化行动"四大行动，出台20项工作举措来推动这一目标的实现。在未来的征程中，重庆企业加强技术创新和研发能力，提高服务外包的技术含量。例如，政府可以鼓励企业加大研发投入，引进先进的技术和设备，培养高素质的技术人才；鼓励企业提升服务质量和效率，满足客户的需求（包括提供定制化的服务），并提高服务的响应速度和灵活性。

二是要抓住服务外包供应链和商业服务的快速增长机遇，积极拓展国际市场。重庆市商务委员会的统计数据显示，2021年1至9月，重庆企业承接离岸服务外包合同额15亿美元，离岸执行额10.9亿美元，同比分别增长100.5%和64.9%，比2019年同期分别增长76.7%和64.5%。在此基础上，拓展服务外包国际市场还需要进一步加强市场调研和分析，了解目标市场的发展趋势和需求；进一步提升服务质量和效率，以更好地满足客户的多样化、个性化需求；进一步加强品牌建设和市场推广，提高服务的知名度和影响力。这可以通过参加国际展览、举办研讨会、发布白皮书等方式来实现。

三是要全面深化服务贸易创新发展试点和服务业扩大开放综合试点，抓好服务外包示范城市建设，重点发展研发和设计外包、工程和医药外包、软件信息外包和业务流程外包等 4 大重点领域。在主体培育、业态创新、市场拓展和服务环境优化等方面持续发力，努力将重庆打造为主导产业突出、创新能力强、体制机制先行先试的服务外包产业集聚地。

8.4 完善配套产业，加快相关设施建设

由前面的实证分析可知，相关产业及配套产业的发展对重庆对外贸易的转型升级有很大的正向推动作用，其发展水平的高低对重庆对外贸易转型升级至关重要。因此，要继续完善相关配套服务设施，提升相关产业的配套能力。

8.4.1 加强国际营销体系建设

支持外贸企业、跨境电商企业和物流企业加快在中欧班列（成渝）、西部陆海新通道、国际航线沿线重点国家及地区围绕汽车、摩托车、通用机械、消费品等领域，建设一批品牌推广效果好的公共展示中心、集散配送功能强的分拨中心、区域辐射半径大的批发市场、市场渗透能力强的零售网点、实地服务与智能化远程服务融合发展的售后服务网点和备件基地，完善境外营销服务保障体系。制定支持海外仓高质量发展政策举措，鼓励企业综合运用 BOT（建设—运营—移交）、结构化融资等方式在重点市场布局海外仓，提供从国内集货、出口退税到国际运输和清关、海外仓储管理及目的国（地区）配送的全程跨境物流服务。鼓励金融机构通过海外项目贷款、内保外贷、外保内贷、"境外项目+出口信贷"、并购贷款等方式对企业建设境外营销网络和海外仓提供信保、融资支持。

8.4.2 构建综合服务体系

鼓励传统流通企业向供应链集成服务商转型，提供物流信息共享、物

流交易、贸易结算、货代报关等多功能集成的供应链服务。大力发展研究开发、工业设计、技术转移转化、创业孵化、检验检测等服务，提速培育大数据、信息安全、人工智能等服务外包，推动生产性服务业与先进制造业融合发展。推进会计、法律、审计、信用、公证、标准、咨询、会展、知识产权、人力资源、品牌运营等专业服务做优做强，全过程专业服务能力显著提升。围绕物流、金融、商贸、科技研发等重点领域，推动一批龙头带动型、高成长型现代服务业集聚区提质发展。

8.4.3 完善重点外贸企业联系服务体系

把完善重点外贸企业联系服务体系作为培植外贸土壤、营造外贸环境的重要工程来抓。市政府层面可以建立一个信息共享平台，将政府部门、行业协会、金融机构等各方的信息整合在一起，为企业提供及时、准确的信息服务；可以通过举办培训班、座谈会等形式，加强对外贸企业的政策宣传和解读工作，帮助企业更好地了解和利用相关政策；可以健全"订单+清单"服务系统，建立一个统一的订单管理平台，实现订单的集中管理和跟踪，提高订单处理效率和准确性，同时通过加强信息化建设、推广电子商务等方式，提高外贸企业的信息化水平和市场竞争力。

8.5 多渠道引才育才，为重庆外贸转型升级提供人才支撑

由前面部分的实证分析可知，劳动力投入对重庆对外贸易转型升级起到了很大的推动作用。重庆虽然劳动力资源比较丰富，但对环保、节能、新能源等领域的技术人才、管理人才、创新人才和具有国际视野、熟悉国际贸易规则的人才的需求日益增加——重庆在这些方面人才储备还相对短缺，难以满足外贸转型升级发展的需求。尽管重庆市政府制定出台了《重庆市推动外贸高质量发展三年行动计划（2022—2024 年）》和《重庆市建设高质量外资集聚地三年行动计划（2022—2024 年）》等政策文件，对积极推动人才的培养和引进提出要求，但在具体的落实过程中，还需要采取多种渠道、多种方式引进人才、培育人才，进而为重庆的外贸转型升级提供较为有力的人才支撑。

8.5.1 "筑巢引凤"，营造良好的引才育才环境

"水往低处流，人往高处走。"营造良好的引才育才环境，才能够吸引更多的人才来渝就业创业，才能够更好地激励现有人才自我驱动、自我提升。

一是政府层面要实施更加积极、开放和有效的人才政策。重庆市政府出台了"英才计划""鸿雁计划"等一系列支持人才发展的政策，包括"人才、创新、产业、金融"四个"金凤凰"政策，以及《重庆英才"渝快办"实施方案》。在此基础上，政府可以通过进一步提供税收优惠、资金支持等方式，有针对性地鼓励企业吸引和留住外贸人才；可以出台生态环境领域科技创新顶尖团队管理办法、实验室管理办法，改进创新生态环境科技人才评价考核方式，建立以创新价值、能力、贡献为导向的人才评价体系；可以通过设立人才引进计划，吸引国内外的优秀人才来渝从事外贸工作；可以通过建立人才信息服务平台，为企业和外贸人才提供信息服务，帮助他们更好地找到合适的工作机会；可以通过加强与其他国家和地区的交流与合作，引进国外的先进经验和技术，提升重庆外贸人才的国际竞争力。此外，政府还需要制定和完善相关的法律法规，保护外贸人才的合法权益，为他们提供一个公平、公正、透明的工作环境。

二是企业层面要创建有利于吸引人才、留住人才、激励人才的工作环境。企业除了提供较为舒适的办公环境和根据外贸人才的工作能力和贡献提供相应有竞争力的薪酬待遇之外，更要注重创建有利于吸引人才、留住人才、激励人才的软环境。比如，建立完善的人才引进和培养体系，包括人才招聘、人才培养、人才评价、人才流动等，以确保企业的人才供应和质量；根据企业的发展需要，制定符合市场规律的人才政策，建立符合本企业特点和实际的人才考核评价体系，以调动外贸人才的积极性、主动性和创造性；加强企业文化建设，营造和谐的团队氛围，包括企业价值观的传播、企业精神的培育、企业形象的塑造等，以增强外贸人才的归属感和忠诚度；建立较为公平的有效的竞争激励机制，包括绩效奖金、股权激励、晋升机会等，以激发外贸人才的工作积极性和创新能力；提供利于外贸人才成长的持续发展机会，包括内部培训、外部研修、在线学习等，以提升其专业技能和综合素质，等等。

8.5.2 建立完善的人才培养体系，加强适应外贸转型升级的职业教育和技能培训

重庆在外贸人才培养方面存在的主要差距和问题在于，一是高职外贸专业的毕业生面临着求职困难的问题，出现了人才培养的"瓶颈"现象；二是重庆高校培养的外贸高级人才大都流向了东部沿海大城市的国企和外企的高薪职位，剩下的一些普通的外贸人员大都技能与素质较低，缺乏国际贸易实践经验，缺乏英语、外贸相关能力，不能满足业务发展需要。因此，重庆市在外贸人才培养方面还需要进一步努力，以提升外贸人才的整体素质和能力。

一是深化校企合作共育。学校和企业可以签订合作协议，明确双方的权利和义务，共同制定人才培养方案，推动学校教育与实践的深度融合，使得学生在学习阶段就能接触到实际的外贸业务操作，提高其实践能力和就业竞争力。学校可以根据企业的需求，调整课程设置，增加实践性、操作性强的课程，提高学生的实际操作能力。企业可以为学校提供专业导师，对学生进行一对一的指导和帮助；也可以为学生提供实习实训机会、就业指导和推荐服务，让学生在实际工作中学习和成长，帮助学生顺利找到合适的工作岗位；还可以为表现优秀的学生提供奖学金和助学金。学校和企业可以定期举办专题讲座和研讨会，邀请行业专家和企业家分享经验，拓宽学生的视野。这种校企合作模式应该建立长效机制，定期评估合作成果，不断优化人才培养方案，提高培养质量。

二是创新外贸人才培养模式。从学校的角度说，学校可以引进具有丰富外贸实践经验的企业专家，与校内教师共同组成"双师型"教师队伍，提高教学质量；可以采用项目式教学方法，让学生在实际项目中学习和应用知识，培养学生的实际操作能力和团队协作能力；可以与国外高校和企业建立合作关系，开展国际交流与合作，拓宽学生的国际视野，提高学生的跨文化沟通能力；可以利用网络平台，引入优质的在线教学资源，为学生提供丰富的学习材料和自主学习的机会；可以根据外贸行业的发展趋势，调整课程设置，增加新兴领域的课程，培养学生的创新意识和创新能力；可以根据学生的兴趣和特长，制定个性化的培养方案；可以建立多元化的评价体系，对学生的学术成绩、实践能力、创新能力等多方面进行评价，全面了解学生的发展状况；可以尝试实施"订单式"人才培养、开展

企业定制培训等方式，以满足不同类型企业的特定需求。

总的来说，重庆作为西部地区的重要城市，应当进一步建立完善外贸人才培养体系，加强职业教育和技能培训，为外贸企业转型升级提供大量的技术工人和专业人才。同时，也应鼓励企业加强自我培训，提高员工的专业技能和业务能力。各个外贸企业也应根据企业的发展战略和业务需求，设计一套完善的人才培养体系，包括人才选拔、培训、使用和留任等环节，以确保培养出的人才能够满足企业的实际需求。

8.6 进一步完善碳交易市场相关机制，为外贸低碳发展增添动力

"碳交易"又称为"碳排放权交易"，是一种为促进全球温室气体减排，减少全球二氧化碳排放所采用的市场机制。通常情况下，政府确定一个碳排放总额，并根据一定规则将碳排放配额分配至企业。如果企业排放量高于配额，就要到市场上购买配额。双方一般通过碳排放权交易机构进行交易。

长期以来，碳交易市场主要由欧美发达国家主导。随着人们对全球气候变暖问题的日益关注，碳交易成为一个重要议题，也为我国外贸企业转型升级带来了重要契机，成为我国未来出口保量提质和优化增效的关键支撑。2011 年底，我国开始启动"两省五市"碳交易试点，积极地进行了有关交易细则方面的尝试；2017 年，我国又启动了全国性碳排放交易系统。商务部针对"十四五"期间也制定了一系列的政策和措施促进外贸的绿色发展。例如，探索建立外贸产品全生命周期碳足迹追踪体系，鼓励引导外贸企业推进产品全生命周期的绿色环保转型等。

重庆在碳交易市场建设方面已经取得了显著的成果。自 2014 年启动试点以来，截至 2023 年 9 月底，重庆碳市场累计成交量 4 586 万吨，累计成交额突破 10 亿元人民币。然而，碳交易市场在运行过程中也显现出政策体系不够完善、市场规模偏小等问题。在未来的外贸转型升级征程中，重庆还有必要进一步探索完善碳交易市场相关机制，以吸引更多企业加入碳交易市场，自主提高生产技术，削减二氧化碳排放量。

8.6.1 坚持"三个统筹"，确保碳交易市场的联动性和协同性

建立和完善碳交易市场相关机制是一个系统性的工程，需要多方面的协同工作。在完善碳交易市场机制建设过程中，要坚持与构建绿色低碳循环经济体系相关政策相统筹，与其他资本市场建设相统筹，与供给侧结构性改革相统筹。只有坚持"三个统筹"，系统思考，协调推进，才能够确保碳交易市场的联动性和协同性。

与构建绿色低碳循环经济体系相关政策相统筹，就是要将绿色转型与经济发展、技术进步、产业接续、稳岗就业和民生改善有机结合，推动经济社会发展全面绿色转型，实现绿色低碳循环发展经济体系的建立健全。在这个过程中，市场导向起到了关键作用。在绿色转型中，应充分发挥市场的导向性作用、企业的主体作用以及各类市场交易机制的作用，从而为绿色发展注入强大动力。

与其他资本市场建设相统筹，就是要将碳交易市场与资本市场进行有机结合。充分发挥市场机制的作用，以市场化、资本化手段推动能源的绿色低碳发展，促进碳排放权的合理配置和高效利用。碳交易市场本质上是金融市场，负责进行资金期限转换和风险管理。要充分发挥碳价格信号在投资跨周期研讨、风险跨周期管理中的功能。通过合理的碳交易市场管理模式设计，推动重庆碳排放权交易市场的健康发展和持续发展。

与供给侧结构性改革相统筹，就是要结合重庆"双碳"建设的实际情况，通过深化供给侧结构性改革，推进能源消费方式变革，构建多元清洁的能源供应体系，推动产业结构优化和能源结构优化，以实现经济社会健康发展。比如，通过深化金融供给侧结构性改革，充分发挥绿色金融在促进生态文明建设、推进长江经济带绿色发展中的积极作用。通过探索初始配额有偿使用制度，发展农林行业碳汇，以及碳资产配额回购、核证自愿减排量置换等融资业务等。

8.6.2 适时引入有偿分配方式，提高碳市场的活跃度和效率

在提升碳市场活跃度和效率方面，引入有偿分配方式是关键。根据中国《碳排放权交易管理办法（试行）》，我国碳排放配额以免费分配为主，但未来将适时引入有偿分配，并逐步提高有偿分配的比例。

在具体操作上，我们可以借鉴国际先进经验，逐步采取碳排放权配额

拍卖机制。例如，欧盟在初期免费分配的比例达到了90%，后期拍卖的比例逐渐上升。此外，还可以通过改进配额分配方法、引入抵消机制等政策措施引导市场预期，从而形成合理碳价。我国已经开始允许金融机构和个人参与碳市场交易，并加快推进全国碳市场在配额有偿分配以及碳金融创新等领域的探索。重庆作为中国中西部唯一直辖市，可以利用自由贸易试验区先行先试，走在前面。此外，有偿拍卖收入还可以被用于补贴绿色技术发展，如可再生能源和低碳交通等。

8.6.3 推动金融机构和个人参与碳市场交易，探索碳金融创新

目前，根据中华人民共和国生态环境部的法规政策，全国统一的碳交易市场暂不允许机构和个人参与碳交易，只允许控排企业间交易。然而，随着市场的发展和扩容，未来会有更多的行业和金融机构进入碳市场，重庆可以率先探索允许更多的机构和个人参与碳交易市场。

（1）探索为个人投资者提供便利的交易渠道。个人参与碳交易的流程其实有些类似于股票交易，首先需要向排放权交易提交申请，经审核后开立交易账户，再领取席位号、绑定银行卡、网银签约等一系列操作后，投资者便可通过网上交易客户端和手机 APP 进行交易。

（2）结合碳交易市场发展的实际需要，鼓励金融机构创新业务模式。例如，银行可以通过"碳账户"来拓展业务，帮助用户实现低碳行为，从而减少碳排放。这种方式不仅可以满足用户的环保需求，也可以为银行带来新的业务机会。

另外，在监管层面，可以推动金融机构参与全市的碳市场交易。例如，可以有序引入现货交易之外的碳金融衍生品交易市场，提高市场参与者的交易活跃程度。

8.7 本章小结

大力发展低碳经济，是大势所趋，也是形势所迫。谁能抢占绿色贸易新赛道，谁就能抢占先机、赢得优势。重庆必须主动适应形势、顺应大势，加快外贸转型升级，促进粗放型、高碳化的外贸增长方式向低碳、绿色内生型增长转变。

本章充分借鉴国外低碳经济的发展模式和经验，结合中国国情及重庆对外贸易发展的实际情况，提出低碳经济背景下促进重庆外贸转型升级的六个方面主要路径：一是适应"双碳"目标要求，从政府、企业和社会三个层面强化绿色贸易理念，把大家往低碳贸易和绿色发展的道路上"引"，或者说"逼"；二是建立完善激励约束机制，包括实施更加积极的财政和税收政策、深化外贸领域的"放管服"改革、培养贸易发展新动能和壮大经营主体、完善重点外贸企业联系服务体系等，加强政府的制度和政策引导；三是不断优化出口商品结构，加强出口产品技术创，进一步优化进出口供应链管理，大力推动"重庆制造"向"重庆智造"转变；四是发展金融服务贸易、推进服务贸易数字化、积极承接国际服务外包，进一步优化产业结构，促进服务贸易发展；五是坚持"三个统筹"，引入有偿分配方式，推动金融机构和个人参与碳市场交易，探索碳金融创新和精细化监管模式，进一步完善碳交易市场相关机制，为外贸低碳发展增添动力；六是"筑巢引凤""放水养鱼"，通过营造良好的引才育才环境，建立完善的人才培养体系，加强适应外贸转型升级的职业教育和技能培训，多渠道引才育才，为重庆外贸转型升级提供人才支撑。

参考文献

中文参考文献

［1］付允，汪云林，李丁. 低碳城市的发展路径研究［J］. 科学对社会的影响，2008（2）：5-9.

［2］李胜，陈晓春. 低碳经济：内涵体系与政策创新［J］. 科技管理研究，2009（10）：41-44.

［3］王钰. 基于低碳经济的中国产业国际竞争力研究：以制造业为例［D］. 哈尔滨：哈尔滨商业大学，2013.

［4］姚德文. 低碳经济模式下的产业发展新路径［J］. 当代论坛，2009（12）：6-7.

［5］宋德勇，卢忠宝. 中国碳排放影响因素分解及其周期性波动研究［J］. 中国人口·资源与环境，2009（3）：18-24.

［6］陈诗一. 能源消耗、二氧化碳排放与中国工业的可持续发展［J］. 经济研究，2009（4）：41-55.

［7］袁男优. 低碳经济的概念内涵. 城市环境与城市生态［J］，2010（1）：43-46.

［8］王锋，吴丽华. 中国经济发展中碳排放增长的驱动因素研究［J］. 经济研究，2010（2）：123-136.

［9］方大春，张敏新. 低碳经济的理论基础及其经济学价值［J］. 中国人口·资源与环境，2011（7）：91-95.

［10］胡志伟，刘勇. 低碳经济视角下的省域竞争研究［J］. 中国工业经济，2010（4）：69-78.

［11］乔海曙，谭烨，刘小丽. 中国碳金融理论研究的最新进展［J］. 金融论坛，2011（2）：35-41.

［12］屈小娥，曹珂. 陕西省低碳经济发展水平评价研究［J］. 干旱区

资源与环境，2013（2）：30-35.

[13] 程敏. 低碳经济与我国出口贸易发展方向 [J]. 技术经济与管理研究. 2015（3）：75-78.

[14] 齐绍洲，付坤. 低碳经济转型中省级碳排放核算方法比较分析 [J]. 武汉大学学报，2013（2）：85-92.

[15] 齐晔，李惠民，徐明. 中国进出口贸易中的隐含碳估算 [J]. 中国人口·资源与环境，2008（3）：8-13.

[16] 王文治，陆建明. 要素禀赋、污染转移与中国制造业的贸易竞争力：对污染天堂与要素禀赋假说的检验 [J]. 中国人口·资源与环境，2012（18）：73-78.

[17] 杨立国，刘宇娜. FDI 流入、货物贸易出口、GDP 和碳排放：基于中国数据的实证研究 [J]. 河北经贸大学学报，2013（1）：53-57.

[18] 孙小羽，臧新. 中国出口贸易的能耗效应和环境效应的实证分析 [J]. 数量经济技术经济研究，2009（4）：33-44.

[19] 刘红光，刘卫东. 贸易对中国产业能源活动碳排放的影响 [J]. 地理研究，2011（4）：590-600.

[20] 刘倩，王遥. 新兴市场国家、出口贸易与碳排放关联关系的实证研究 [J]. 中国软科学，2012（4）：97-105.

[21] 黄静波，何昌周. 中国制造业对外贸易的环境效应分析 [J]. 中国社会科学院研究生院学报，2015（1）：51-58.

[22] 张晓莹. 国际生产分割视角下中国对外贸易环境效应研究 [J]. 经济与管理评论，2017（3）：154-160.

[23] 林桂军. 夯实外贸发展的产业基础向全球价值链高端攀升 [J]. 国际贸易问题，2016（11）：3-11.

[24] 简新华，张皓. 论中国外贸增长方式的转变 [J]. 中国工业经济，2007（8）：190-207.

[25] 周长富，杜宇玮. 代工企业转型升级的影响因素研究：基于昆山制造业企业的问卷调查 [J]. 世界经济研究，2012（7）：23-28，86-88.

[26] 赵昌文. 国际金融危机以来中国企业转型升级的调查研究 [J]. 管理世界，2013（4）：8-15.

[27] 王子先，张斌，邓娜. 基于全球价值链的外贸转型战略 [J]. 国际贸易，2014（12）：14-19.

[28] 耿伟. 外贸企业转型升级的影响因素研究：以天津为例 [J]. 天津师范大学学报（社会科学版），2015（1）：65-70.

[29] 祁春凌，徐丽. 我国对外贸易新常态的表现与转型发展的路径选择 [J]. 经济纵横，2015（8）：86-90.

[30] 姜艳艳. 新常态下中国外贸转型升级路径探析 [J]. 价格月刊，2016（8）：53-56.

[31] 马汴京. 新常态下跨境电子商务对我国外贸转型机制的影响 [J]. 当代经济，2016（5）：13-15.

[32] 傅钧文. 建国 60 年中国对外贸易述评：基于可持续贸易发展视角的分析 [J]. 世界经济研究，2010（7）：3-9.

[33] 李凯杰，曲如晓. 中国对外贸易可持续发展影响因素的实证分析 [J]. 经济学家，2012（7）：53-61.

[34] 杨继军，范从来. 刘易斯拐点、比较优势蝶化与中国外贸发展方式的选择 [J]. 经济学家，2012（2）：22-29.

[35] 罗长远，智艳. 中国外贸转型升级与"自贸区"建设探析：兼论上海自由贸易试验区的功能与角色 [J]. 复旦学报（社会科学版），2014（1）：139-146.

[36] 张彰. 新常态下我国对外贸易转型问题研究 [D]. 郑州：郑州大学，2017.

[37] 闻潜. 论外贸增长方式的转变 [J]. 经济经纬，2005（3）：20-23.

[38] 耿欣娟. 中国转变外贸发展方式的理论与实证研究 [D]. 南京：南京财经大学，2011.

[39] 陆钟武，王鹤鸣，岳强. 脱钩指数：资源消耗、废物排放与经济增长的定量表达 [J]. 资源科学，2011，33（1）：2-9.

[40] 孙睿. Tapio 脱钩指数测算方法的改进及其应用 [J]. 技术经济与管理研究，2014（8）：7-11.

[41] 吴海燕. 我国对外贸易转型升级的评价体系、关键因素与路径研究 [D]. 镇江：江苏大学，2016.

[42] 任燕. 低碳经济背景下我国出口贸易转型研究 [D]. 青岛：中国海洋大学，2012.

[43] 桂红丹. FDI、对外贸易与我国 CO_2 排放强度关系之间的实证研

究［D］. 大连：东北财经大学，2013.

　　［44］郭四维，张明昂. 新常态下的"外贸新引擎"：我国跨境电子商务发展与传统外贸转型升级［J］. 经济学家，2018（8）：42-49.

　　［45］陈海波，朱华丽. 我国外贸发展方式转变的实证研究：基于全球价值链视角［J］. 国际贸易问题，2012（12）：11-19.

　　［46］赵小琼. 基于协同创新视角的外贸转型升级路径与对策研究：以浙江省为例［D］. 杭州：浙江工商大学，2010.

　　［47］郭周明. 新形势下我国对外贸易发展面临的困境及其对策［J］. 当代财经，2013（5）：99-108.

　　［48］张玉森. 广东省外贸转型升级综合评价［D］. 广州：广东外语外贸大学，2014.

　　［49］王忠豪. 全球价值链视角下我国加工贸易转型升级路径研究［D］. 重庆：重庆工商大学，2015.

　　［50］张洪胜. 贸易自由化、融资约束与中国外贸转型升级［D］. 杭州：浙江大学，2017.

　　［51］王静娴. 要素市场扭曲对外贸转型升级的影响研究［D］. 沈阳：辽宁大学，2014.

　　［52］余淼杰. 国际贸易学理论、政策与实证［M］. 北京：北京大学出版社，2013.

　　［53］蔡丽娟. "移动互联网+"下传统外贸制造业发展跨境电商贸易研究［J］. 商业经济研究，2016（16）：140-143.

　　［54］庄冠蓉. 改革创新推动重庆外贸转型发展［N］. 中国经济时报，2017-01-23（8）.

　　［55］梁慧仪. 以跨境电商出口企业为例探究外贸企业转型升级的现状及路径选择［J］. 全国流通经济，2022（3）：39-41.

　　［56］许英明，李晓依. 欧盟碳边境调节机制对中欧贸易的影响及中国对策［J］. 国际经济合作，2021（5）：25-32.

　　［57］赵玉敏. 把握世界潮流，发展绿色贸易［J］. 国际贸易，2017（11）：25-30.

　　［58］中共中央、国务院关于推进贸易高质量发展的指导意见［N］. 人民日报，2019-11-29（1）.

　　［59］刘尧. 我国绿色金融发展机制及路径创新研究［D］. 昆明：云

南财经大学，2020.

[60] 陈航宇. 我国出口产品质量升级动力研究 [D]. 杭州：浙江大学，2017.

[61] 陈晓暾，程姣姣. 劳动力要素市场扭曲对产业结构转型的影响研究 [J]. 价格理论与实践，2019（11）：41-44，56.

[62] 程锐，马莉莉，张燕，等. 企业家精神、要素配置效率与制造业出口升级 [J]. 产业经济研究，2019（6）：89-101.

[63] 戴翔，秦思佳. 营商环境优化如何提升企业出口国内增加值率 [J]. 国际贸易问题，2020（11）：15-29.

[64] 廖显春，耿伟. 要素价格市场扭曲推动了中国企业的出口增长吗 [J]. 山西财经大学学报，2015，37（3）：1-10.

[65] 刘海洋，林令涛，高璐. 进口中间品与出口产品质量升级：来自微观企业的证据 [J]. 国际贸易问题，2017（2）：39-49.

[66] 刘晴，程玲，邵智，陈清萍. 融资约束、出口模式与外贸转型升级 [J]. 经济研究，2017，52（5）：75-88.

[67] 刘伟，张辉. 中国经济增长中的产业结构变迁和技术进步 [J]. 经济研究，2008（11）：4-15.

[68] 王明益. 中国出口产品质量提高了吗 [J]. 统计研究，2014，31（5）：24-31.

[69] 厉以宁，朱善利，罗来军，等. 低碳发展作为宏观经济目标的理论探讨：基于中国情形 [J]. 管理世界，2017（6）：1-8.

[70] 韩仁月，李润雨. 碳中和目标下日本促进能源转型的财税政策 [J]. 现代日本经济，2022，41（2）：20-35.

[71] 杨莉莎，朱俊鹏，贾智杰. 中国碳减排实现的影响因素和当前挑战：基于技术进步的视角 [J]. 经济研究，2019（11）：120-134.

[72] 张兵. 镇江外贸转型升级的影响因素研究 [D]. 镇江：江苏科技大学，2012.

[73] 刘飞. 广东对外贸易转型升级影响因素的实证研究 [D]. 广州：广东外语外贸大学，2014.

[74] 胡国杰，冯娇，闫泽鹏. 基于创新驱动的辽宁经济转型升级的影响因素分析 [J]. 科技管理研究，2017，37（23）：17-24.

[75] 陈文玲，颜少君. 未来30年中国国际贸易发展的趋势和特点

［M］.北京：社会科学文献出版社，2011.

［76］刘卫东，陆大道，张雷.我国低碳经济发展框架与科学基础［M］.北京：商务印书馆，2010.

［77］陈春.低碳经济对中国对外贸易环境的影响［M］.北京：中国社会科学出版社，2017.

［78］田泽，马海良.低碳经济理论与中国实现路径研究［M］.北京：科学出版社，2015.

［79］赵玉焕，范静文.碳税对能耗密集型产业国际竞争力的影响研究［J］.中国人口资源与环境，2012（6）：45-51.

［80］蔡昉，都阳，王美艳.经济发展方式转变与节能减排内在动力［J］.经济研究，2008（6）：4-11.

［81］苏振东，周诔庆.外商直接投资对中国环境影响的区位差异：基于省际面板数据和动态面板数据的异质性分析［J］.世界经济研究，2010（6）：63-67.

［82］张成.内资和外资：谁更有利于环境保护［J］.国际贸易问题，2011（2）：98-105.

［83］裴长洪，彭晶.后危机朝代中国开放型经济研究：转变外贸发展方式与对外经贸合作新趋势［M］.北京：社会科学文献出版社，2012.

［84］赖流滨，龙云风，郭晓华.低碳技术创新的国际经验与启示［J］.科学管理研究，2011（10）：65-69.

［85］顾学明，孙瑾，卫平东.我国绿色贸易融资发展的内涵、逻辑与前景［J］.国际贸易，2021（2）：4-11.

［86］孙瑾，丁冉，王杰镭.关于可持续贸易的研究进展［J］.经济学动态，2020（8）：131-145.

［87］董芳芳.新常态下国际贸易发展对不同素质劳动力的影响研究：基于人力资本视角［J］.工业技术经济，2016，35（2）：18-24.

［88］谢守红，薛红芳，徐西原.低碳经济与国际贸易结构转型研究综述［J］.世界地理研究，2013，22（2）：159-166.

［89］陈宸.低碳经济下的国际贸易规则变化及应对措施［J］.对外经贸实务，2016（6）：44-47.

［90］郑峥.国际贸易规则视角下低碳经济对我国对外贸易的影响［J］.商业经济研究，2016（6）：145-146.

［91］王军. 国际贸易视角下的低碳经济［J］. 世界经济研究，2010
（11）：50-55，88.

［92］胡剑波，王楷文，张智勇. 基于 CiteSpace 的我国贸易与碳排放
问题研究文献计量分析［J］. 杭州师范大学学报（社会科学版），2022，
44（1）：91-102.

［93］唐琪. 国际贸易对我国货运业碳排放的影响研究［D］. 南京：
东南大学，2018.

［94］杨苗苗，彭涓. 低碳经济环境下中国出口贸易发展的路径研究
［J］. 改革与战略，2016，32（10）：156-159.

［95］李松月. 贸易开放和技术创新对我国西部制造业碳排放绩效影响
分析［D］. 昆明：昆明理工大学，2018.

［96］关宝瑞，郑文范. 西方发达国家新一轮贸易保护主义及中国的应
对策略［J］. 价格月刊，2019（10）：57-61.

［97］侯升平. 碳关税对中国塑胶行业出口贸易的影响：基于 GTAP 模
拟的研究［J］. 山东社会科学，2019（11）：134-139.

［98］宋津睿，宋秀峰. 绿色贸易壁垒对我国的影响及应对策略研究：
评《全球价值链下中国绿色贸易利益评估研究》［J］. 生态经济，2022，
38（1）：230-231.

［99］屠年松，余维珩. 碳关税对制造业全球价值链嵌入的影响研究：
基于 WTO 改革背景［J］. 生态经济，2020，36（9）：25-31.

［100］曲振涛，林新文. 税式支出、激励路径与制造业转型升级［J］.
产经评论，2019，10（4）：95-108.

［101］戴翔，张二震. 供给侧结构性改革与中国外贸转型发展［J］.
贵州社会科学，2016（7）：131-136.

［102］张胜楠. 我国对外贸易转型升级的评价机制、核心要素与路径
研究［J］. 价格月刊，2018（5）：57-61.

［103］孙亚君. 全球价值链视角下国际贸易摩擦对我国的影响研究
［J］. 商业经济研究，2019（4）：142-145.

［104］邹静，邹晓明. 培育跨境电商促进江西外贸升级的对策研究
［J］. 东华理工大学学报（社会科学版），2018，37（4）：333-337.

［105］汪廷美. 对外贸易转型背景下拉动内需存在的问题和对策研究
［J］. 价格月刊，2020（12）：89-94.

［106］王焰, 方友熙. 高质量发展下对外贸易转型升级存在问题及对策［J］. 特区经济, 2019（9）: 78-80.

［107］郑义, 戴永务, 刘燕娜. 低碳贸易竞争力指数的构建及中国实证［J］. 国际贸易问题, 2015（1）: 145-155.

［108］胡剑波, 任香, 高鹏. 中国省际贸易、国际贸易与低碳贸易竞争力的测度研究［J］. 数量经济技术经济研究, 2019, 36（9）: 42-60.

［109］张志新, 刘名多. 低碳试点城市政策对贸易依存度的影响: 基于 DID 模型的实证研究［J］. 生态经济, 2019, 35（6）: 33-38.

［110］董劲. 低碳经济背景下我国出口贸易发展的创新路径［J］. 改革与战略, 2016, 32（4）: 132-135.

［111］王慧. 我国出口贸易的"低碳窗口"分析［J］. 商业经济研究, 2017（11）: 120-122.

［112］张洋, 王宪恩, 关英杰, 等. 低碳贸易壁垒设置的利益博弈及我国出口贸易应对措施［J］. 商业经济研究, 2016（12）: 142-143.

［113］张海玲, 张宏. 日本发展低碳产品出口贸易的经验及启示［J］. 现代日本经济, 2011（4）: 70-79.

［114］许广月. 气候变化视阈下中国贸易发展方式的低碳转型［J］. 西部论坛, 2012, 22（1）: 81-87.

［115］闫云凤. 国际贸易、碳溢出与我国外贸结构低碳转型: 基于非竞争进口型投入产出模型的实证研究［J］. 会计与经济研究, 2013, 27（3）: 90-96.

［116］车卫红. 我国工业碳源和能源碳源排碳量估算研究［D］. 北京: 北京林业大学, 2010.

［117］戴亦欣. 中国低碳城市发展的必要性和治理模式分析［J］. 中国人口. 资源与环境, 2009, 19（3）: 12-17.

［118］王瑞, 钟冰平, 温怀德. 碳排放、对外贸易与低碳经济发展研究［M］. 北京: 经济科学出版社, 2016.

英文参考文献

［1］ACARAVCI A, OZTURK I. On the Relationship Between Energy Consumption, CO_2 Emissions and Economic Growth in Europe［J］. Energy, 2010, 35（12）: 5412-5420.

[2] ADAM S, BROWNE J. A Survey of the UK Tax System [R]. Institute of Fiscal Studies, November 2011.

[3] AHMAD N, WYCKOFF A. Carbon Dioxide Emissions Embodied in International Trade of Goods [R]. OECD STI Working Paper, 2003.

[4] ANAND S, VRAT P, DAHIYA R. Application of a System Dynamics Approach for Assessment and Mitigation of CO_2 Emissions from the Cement Industry [J]. Journal of Environmental Management, 2006, 79 (4): 383-398.

[5] ANG J B. CO_2 Emissions, Energy Consumption, and Output in France [J]. Energy Policy, 2007 (35): 4772-4778.

[6] ARROW K J. The Economic Implications of Learning by Doing [J]. Review of Economic Studies, 1962, 29 (3): 155-173.

[7] BALDWIN R, LOPEZ-GONZALEZ J. Supply-Chain Trade: A Portrait of Global Patterns and Several Testable Hypotheses [J]. The World Economy, 2015, 38 (11): 1682-1721.

[8] BARANZINI A, GOLDEMBERG J, SPECK S. A future for Carbon Taxes [J]. Ecological Economics, 2009 (32): 395-412.

[9] BECKER B, CHEN J, GREENBERG D. Financial Development, Fixed Costs, and International Trade [J]. Review of Corporate Finance Studies, 2013, 2 (1): 1-28.

[10] BERNARD A B, JENSEN J B, SCHOTT P K. Trade Costs, Firms and Productivity [J]. Journal of Monetary Economics, 2006, 53 (5): 917-937.

[11] BERRONE P, FOSFURI A, GELABERT L, GOMEZ-MEJIA L R. Necessity as the Mother of Green Inventions: Institutional Pressures and Environmental Innovations [J]. Strategic Management Journal, 2013, 34 (8): 891-909.

[12] BI K X, HUANG P, WANG X X. Innovation Performance and Influencing Factors of Low-carbon Technological Innovation under the Global Value Chain: A Case of Chinese Manufacturing Industry [J]. Technological Forecasting & Social Change, 2016, 111: 275-284.

[13] BONSU C. Towards a Circular and Low-carbon Economy: Insights from the Transitioning to Electric Vehicles and Net Zero Economy [J]. Journal

of Cleaner Production, 2020, 5 (20): 120659.

[14] BRUVOLL A, LARSEN B M. Greenhouse Gas Emissions in Norway: Do Carbon Taxes Work? [J]. Energy Policy, 2004, 32 (4): 493-505.

[15] BRUVOLL A, MEDIN H. Factors behind the Environmental Kuznets Curve: A Decomposition of the Changes in Air Pollution [J]. Environmental and Resource Economics, 2003 (24): 27-48.

[16] CHAMBET A, GIBSON R. Financial Integration, Economic Instability and Tradestructure in Emerging Markets [J]. Journal of International Money & Finance, 2008, 27 (4): 654-675.

[17] CHANEY T. Liquidity Eonsxrained Exporters [J]. Journal of Economic Dynamics and Control, 2016, 72: 141-154.

[18] CHAPMAN A J, PAMBUDI N A. Strategic and User-driven Evolution Scenarios: Toward a Low Carbon Society, Encompassing the Issues of sustainability and Societal Equity in Japan [J]. Journal of Cleaner Production, 2018, 172: 1014-1024.

[19] CHEN W H, JIAN C, XU D Y, LIU J C. Assessment of the Practices and Contributions of China's Green Industry to the Socioeconomic Development [J]. Journal of Cleaner Production, 2017, 153 (1): 648-656.

[20] CHMUTINA K, GOODIER C I. Alternative Future Energy Pathways: Assessment of the Potential of Innovative Decentralised Energy Systems in the UK [J]. Energy Policy, 2014, 66 (2): 62-72.

[21] CHOWDHARY R, KUSHWAHA V. Domestic Investment, Foreign Direct Investment and Economic Growth in India since Economic Reforms [J]. Journal of Transformative Entrepreneurship, 2013 (8): 74-82.

[22] COPELAND B R, TAYLOR M S. Trade and Environment: Theory and Evidence [M]. Princeton: University Press, 2003.

[23] COSBEY A, DROEGE S, FISCHER C, et al. Developing Guidance for Implementing Border Carbon Adjustments: Lessons, Cautions, and Research Needs from the Literature [J]. In Review of Environmental Economics and Policy, 2019, 13 (1): 3-22.

[24] COSBEY A, TARASOFSKY R. Climate Change, Competitiveness and Trade [R]. London: Royal Institute of International Affairs, 2007: 1-32.

[25] DAVIS W B, SANSTAD A H, KOOMEY J G. Contributions of Weather and Fuel Mix to Recent Declines in US Energy and Carbon Intensity [J]. Energy Economics, 2003, 25 (4): 375-396.

[26] DEBABRATA T, CRAIGM M. Does the Private Sector Help or Hurt the Environment? Evidence from Carbon Dioxide Pollution in Developing Coutries [J]. World Development, 2001 (29): 827-840.

[27] DEPARTMENT OF ENERGY & CLIMATE CHANGE. The UK Low Carbon Transition Plan: National Strategy for Climate and Eenergy [EB/OL]. (2021-11-08)[2023-11-20]. https://www.gov.uk/go-vernment/publications/the-uk-low-carbon-transition-plan-national-strategy-for-climate-and-energy.

[28] DISTELKAMP M, MEYER M. Pathways to a Resource-Efficient and Low-Carbon Europe [J]. Ecological Economics, 2017, 155: 88-104.

[29] DONG Y, WHALLEY J. Carbon Motivated Regional Trade Arrangements: Analytics and Simulations [J]. Economic Modeling, 2011, 28 (6): 2783-2792.

[30] DTI. UK Energy White Paper: Our Energy Future-Creating a Low Carbon Economy [M]. London: TSO, 2003.

[31] DUARTE R, SANCHEZ-CHOLIZ J, SARASA C. Consumer-Side Actions in a Low-Carbon Economy: A Dynamic CGE Analysis for Spain [J]. Energy Policy, 2018, 118 (7): 199-210.

[32] EREFFI G, LEE J. Economic and Social Upgrading in Global Value Chains and Industrial Clusters: Why Governance Matters [J]. Journal of Business Ethics, 2016, 133 (1): 25-38.

[33] FAN H C, LI Y A, YEAPLE S R. Trade Liberalization, Quality, and Export Priced [J], Revieve of Economics and Statistics, 2015, 97 (5): 1033-1051.

[34] FAN Y, LIU L C, WEI Y M, ET AL. Changes in Carbon Intensity in China: Empirical Findings from 1980—2003 [J]. Ecological Economies, 2007, 62: 683-691.

[35] FERNANDES A P, TANG H. Determinants of Vertical Integration in Export processing: Theory and evidence from China [J]. Journal of Develop-

ment Economics, 2012, 99 (2): 396-414.

[36] GARNAUT R. Policy Framework for Transition to a Low-Carbon World Economy [J]. Asian Economic Poiicy Review, 2010, 5 (1): 19-33.

[37] GAVRILOVA O, JONAS M, ERB K, HABER H. International Trade and Austria's Livestock System: Direct and Hidden Carbon Emission Associated with Production and Consumption of Products [J]. Ecological Economics, 2010, 69 (4): 920-929.

[38] GLAESER E L, KAHN M E. The Greenness of Cities: Carbon Dioxide Emissions and Urban Development [J]. Journal of Urban Economics, 2010, 67 (3): 404-418.

[39] GREENAWAY D, KNELLER R. Firm Heterogeneity, Exporting and Foreign Direct Investment [J]. The Economic Journal, 2007, 117 (517): 134-161.

[40] GROSSMAN G M, HELPMAN E. Trade, Innovation and Growth [J]. American Economic Review, 1990, 80 (2): 86-91.

[41] GUAN D, HUBACEK K, WEBER C L. The Drivers of Chinese CO_2 Emissions from 1980 to 2030 [J]. Global Environmental Change, 2008, 18 (4): 626-634.

[42] GUTOWSKI T G, ALLWOOD J M, HERNMANN C, et al. A Global Assessment of Manufacturing: Economic Developments Energy Use, Carbon Emissions, and the Potential for Energy Effficiency and Materials Recycling [J]. Annual Review of Environment & Resources, 2013, 38 (1): 81-106.

[43] HALLAK J C. Product Quality and the Direction of Trade [J]. Journal of International Economics, 2006, 68 (1): 238-265.

[44] HEJAZI M, GRANT J H, PETERSON E. Tariff Changes and the Margins of Trade: a Case Study of U. S. Agri-Food Imports [J]. Journal of Agricultural and Resource Economics, 2017, 42 (1): 68-89.

[45] HOGGETT, RICHARD. Technology Scale and Supply Chains in a Secure, Affordable and Low Carbon Energy Transition [J]. Applied Energy, 2014 (123): 296-306.

[46] HOWELL R, SHACKLEY S, MABON L, et al. Engaging the Public with Low-Carbon Energy Technologies: Results from a Scottish Large Group

Process [J]. Energy Policy, 2014, 66 (3): 496-506.

[47] IBRAHIM D, CANAN A. Review and Evaluation of Hydrogen Production Methods for Better Sustainability [J]. International Journal of Hydrogen Energy, 2015, 40 (34): 11094-11111.

[48] IBRAHIM M H, LAW S H. Social Capital and CO_2 Emission-Output Relations: A Panel Analysis [J]. Renewable and Sustainable Energy Reviews, 2014, 29 (7): 528-534.

[49] JAFFE A B, PETERSON S R, PORTNEY P R, STAVINS R N. Environmental Regulation and the Comprtitiveness of U.S. Manufacturing: What does the Evidence Tell Us? [J]. Journal of Economic Literature, 1995 (3): 132-163.

[50] JIANG B, SUN Z Q, LIU M Q. China's Energy Development Strategy under the Low-Carbon Economy [J]. Energy, 2010, 35 (11): 4257-4264.

[51] JOHNSON R C, NOGUERA G. Accounting for Intermediates: Production Sharing and Trade in Value Added [J]. Journal of International Economics, 2012, 86 (2): 224-236.

[52] JORGENSON A K. Does Foreign Investment Harm the Air We Breathe and the Water We Drink? A Cross-National Study of Carbon Dioxide Emissions and Organic Water Pollution in Less-Developed Countries, 1975 to 2000 [J]. Organization & Environment, 2007 (2): 137-156.

[53] KALI R, MENDEZ F, REYES J. Trade Structure and Economic Growth [J]. The Journal of International Trade & Economic Development, 2007, 16 (2): 245-269.

[54] KAPLINSKYR. Globalization and Unequalisation: What can be Learned from Value Chain Analysis? [J]. Journal of Development Studies, 2000, 37 (2): 117-146.

[55] KAWASE R, MATSUOKA Y, FUJINOJ. Decomposition Analysis of CO_2 Emission in Long-term Climate Stabilization Scenarios [J]. Energy Policy, 2006, 34 (10): 2113-2122.

[56] KHAN J. What Role for Network Governance in Urban Low Carbon Transitions? [J]. Journal of Cleaner Production, 2013, 50 (7): 133-139.

[57] KHAN K, SU C. Urbanization and Carbon Emissions: a Panel

Threshold Analysis [J]. Environmental Science and Pollution Research, 2021, 28 (20): 26073-26081.

[58] KIM T Y, DEKKER R, HEIJ C. Cross－Border Electronic Commerce: Distance Effects and Express Delivery in European Union Markets [J]. International Journal of Electronic Commerce, 2017, 21 (2): 184-218.

[59] KOSSOY A, AMBROSI P. State and Trends of the Carbon Market 2010 [R]. World Bank, 2010 (5): 1-89.

[60] LAURA H, SANDRA P. Environmental Policy and Exports: Evidence from Chinese Cities [J]. Journal of Environmental Economics and Management, 2014, 68 (2): 296-318.

[61] LI Y P, HUANG G H, CHEN X. Planning Regional Energy System in Association with Greenhouse Gas Mitigation under Uncertainty [J]. Applied Energy, 2011, 88 (3): 599-611.

[62] LI Y, HEWITT C N. The Effect of Trade between China and the UK on National and Global Carbon Dioxide Emissions [J]. Energy Policy, 2008, 36 (6): 1907-1914.

[63] LI Y, YAN X. DES/CCHP: The Best Utilization Mode of Natural Gas for China's Low Carbon Economy [J]. Energy Policy, 2013, 53 (C): 477-483.

[64] LI Z. Energy Efficiency and Investments in Low－carbon Economy: The Impact of Carbon Finance on Sustainability Development [J]. Journal of Chemical and Pharmaceutical Research, 2014, 6 (5): 1255-1261.

[65] LIARGOVAS P G, SKANDALIS K S. Foreign Direct Investment and Trade Openness: the Case of Developing Economies [J]. Social Indicators Research, 2012, 106 (2): 323-331.

[66] LIU G, YANG Z, CHEN B, SU M. A dynamic Low－Carbon Scenario Analysis in Case of Chongqing City [J]. Procedia Environmental Sciences. 2012, 13 (C): 1189-1203.

[67] LIU W J, LI Y Y, LIU T T. How to Promote Low－Carbon Economic Development? A Comprehensive Assessment of Carbon Tax Policy in China [J]. International Journal of Environmental Research and Public Health, 2021, 18 (20): 10699.

[68] LUCAS R E. On the Mechanics of Economic Development [J]. Journal of Monetary Economics, 1988, 22 (1): 3-42.

[69] LUO H Y, LIN X Y. Empirical Study on the Low-Carbon Economic Efficiency in Zhejiang Province Based on an Improved DEA Model and Projection [J]. Energies, 2022, 16 (1): 300.

[70] MARCHI V D, MARIA E D, MICELLI S. Environmental Strategies, Upgrading and Competitive Advantage in Global Value Chains [J]. Business Strategy and the Environment, 2013, 22 (1): 62-72.

[71] MASTROMARCO C, GHOSH S. Foreign Capital, Human Capital, and Efficiency: A Stochastic Frontier Analysis for Developing Countries [J]. World Development, 2009, 37 (2): 489-502.

[72] MENDELSOHN R. Climate Change and Economic Growth [J]. World Bank Publications, 2009: 9-12.

[73] MENYASZ P. Canadian Report Says Carbon Tariff Only Option to Reduce Global Emissions [J]. International environment reporter, 2008, 31 (7): 318.

[74] NARULA R, WAKELIN K. Technology Competitiveness, Trade and Foreign Direct Investment [J]. Research Memorandum. 1998, 9 (3): 373-387.

[75] OECD. Climate-Change Policy in the United Kingdom [R]. OECD Economics Department Working Papers, 2011: 129-159.

[76] OLUGBENGA O, OLUWOLE O. Bounds Testing Aapproach to Analysis of the Environment Kuznets Curve Hypothesis [J]. Energy Economics. 2014 (44): 47-62.

[77] OMERA M. Focus on Low Carbon Technologies: The Positive Solution [J]. Renewable and Sustainable Energy Reviews, 2008, 12 (9): 2331-2357.

[78] OWENS S. Learning Across Levels of Governance: Expert Advice and the Adoption of Carbon Dioxide Emissions Reduction Targets in the UK [J]. Global Environmental Change, 2010, 20 (3): 394-401.

[79] PAN J, PHILLIPS J, CHEN Y. China's Balance of Emissions Embodied in Trade: Approaches to Measurement and Allocating International Re-

sponsibility [J]. Uxford Review of Economic Policy, 2008, 24 (2): 354 - 376.

[80] PARK A, YANG D, FORD G R, et al. Exporting and Firm Performance: Chinese Exporters and the Asian Financial Crisis [J]. The Review of Economics and Statistics, 2010, 92 (4): 822-842.

[81] PAUWELYN J. U. S. Federal Climate Policy and Competitiveness Concerns: The Limits and Options of International Trade Law [J]. Ssrn Electronic Journal, 2007, 87 (1): 133-141.

[82] PAVLINEK P, DOMANSKI B, GUZIK R. Industrial Upgrading Through Foreign Direct Investment in Central European Automotive Manufacturing [J]. European Urban and Regional Studies, 2009, 16 (1): 43-63.

[83] PETERS G P, HERTWICH E G. CO_2 Embodied in International Trade with Implications for Global Climate Policy. Environmental Science and Technology, 2008, 42 (5): 1401-1407.

[84] PETERS G P, HERTWICH E G. Pollution embodied in trade: The Norwegian case [J]. Global Environmental Change, 2006, 16 (4): 379 - 387.

[85] PORTER M E. The Competitive Advantage of Nations [M]. London: Macmillan Press, 1990.

[86] RAMANATHAN R. A Multi-Fator Efficiency Perspective to the Relationships among World GDP, Energy Consumption and Carbon Dioxide Emission [J]. Technological Forecasting & Social Change, 2006, 73 (5): 483-494.

[87] ROBERT J R, ELLIOTT, SUN P Y, CHEN S Y. Energy Intensity and Foreign Direct Investment: A Chinese City-Level Study [J]. Energy Economics, 2013, 40: 484-494.

[88] RODRIK D. What's so Special about China's Exports? [J]. China and World Economy, 2006, 14 (5): 1-19.

[89] RODRIK R H. What You Export Matters [J]. Journal of Economic Growth, 2007, 12 (1): 1-25.

[90] ROMER P. Endogenous Technological Change [J]. The Journal of Political Economy, 1990, 98 (5): 71-102.

[91] SCHIPPER L, HOWARTH R B, GELLER H. United States Energy

Use from 1973 to 1987: The Impacts of Improved Efficiency [J]. Annual Review of Energy, 1990, 15 (1): 455-504.

[92] SCHOTT P K. The Reiative Sophistication of Chinese Exports [J], Economic Policy, 2008, 23 (53): 6-49.

[93] SCHUMPETER J A. The Theory of Economic Development [M]. Oxford: Oxford University Press, 1961.

[94] SEDGLEY N H, TAN K M. The Roles of Innovators and Labor in a Schumpeterian Factor Endowments Based Model of Intra-industry Trade [J]. Review of International Economics, 2015, 23 (5): 873-896.

[95] SHUI B, HARRISS R C. The Role of Carbon Dioxide Embodiment in US-China Trade [J]. Energy Policy, 2006, 34: 37-40.

[96] STEPP M D, WINEBRAKE J J, HAWKER J S, SKERLOS S J. Greenhouse Gas Mitigation Policies and the Transportation Sector: The Role of Feedback Effects on Policy Effectiveness [J]. Energy Policy, 2009, 37 (7): 2774-2787.

[97] STERN N. The Economics of Climate Change: the Stern Review [M]. Cambridge: Cambridge University Press, 2006.

[98] TAN Y Q, SHEN Y X, YU X Y, LU X. Low-Carbon Economic Dispatch of the Combined Heat and Power-Virtual Power Plants: A Improved Deep Reinforcement Learning-Based Approach [J]. IET Renewable Power Generation, 2022, 17 (4): 982-1007.

[99] TOKATLI N, KIZILGUEN O. Upgrading in the Global Clothing Industry: Mavi Jeans and the Transformation of a Turkish Firm from Full-Package to Brand-Name Manufacturing and Retailing [J]. Economic Geography, 2004, 80 (3): 221-240.

[100] TREASURY H M. Stern Review: The Economics of Climate Change [M]. Cambridge University Press, 2008.

[101] TRIDECH S, CHENG K. Low Carbon Manufacturing: Characterization, Theoretical Models and Implementation [J]. International Journal of Manufacturing Research, 2011, 6 (2): 110-121.

[102] UPWARD R, WANG Z, ZHENG J. Weighing Chime's Export Basket: The Domestic content and Technology intensity of Chinese Export [J].

Journal of Comparative Economics, 2013, 41 (2): 527-543.

[103] WANG C, ENGELS A, WANG Z H. Overview of Research on China's Transition to Low-carbon Development: The Role of Cities, Technologies, Industries and the Energy System [J]. Renewable & sustainable energy reviews, 2018, 81 (1): 1350-1364.

[104] WANG T, WATSON J. Who Owns China's Carbon Emissions? [J]. Brighton: Tyndall Centre for Climate Change Research, 2007 (10): 1-7.

[105] WURZEL, RUDIGER K W. Environmental Policy-Making in Britain, Germany andthe European Union: The Europeanisation of Air and Water Pollution Control [M]. Manchester University Press. 2006.

[106] XIE R, ZHAO G, ZHU B. Regional Transfer of Haze Pollutants Embodied in China's Foreign Trade and Factors Affecting It: a Gmrio-Based Empirical Analysis [J]. Emerging Markets Finance and Trade, 2015, 52 (6): 1335-1347.

[107] XU B, LIN B. Reducing Varbon Dioxide Emissions in China's Manufacturing Industry: a Dynamic Vector Auto Regression Approach [J]. Journal of Cleaner Production, 2016, 101 (C): 161-173.

[108] ZHAO Z Y, GAO L, ZUO J. How National Policies Facilitate Low Carbon City Development: A China Study [J]. Journal of Cleaner Production, 2019, 234 (10): 743-754.

[109] ZHOU P, ANG B W, POH K L. Measuring Environmental Performance under Different Environmental DEA Technologies [J]. Energy Economics, 2008, 30 (1): 1-14.

附 录

附录A　重庆市金融改革发展"十四五"规划
（2021—2025 年）

为全面贯彻落实习近平总书记关于金融工作的重要论述和党中央、国务院关于推动金融业高质量发展的决策部署，根据《成渝地区双城经济圈建设规划纲要》《重庆市国民经济和社会发展第十四个五年规划和二〇三五年远景目标纲要》等文件，特制定本规划。规划期为 2021—2025 年，展望至 2035 年。

第一章　发展基础与环境

"十三五"时期，全市上下坚持以习近平新时代中国特色社会主义思想为指导，深入贯彻落实党中央、国务院决策部署，在中央金融管理部门支持和指导下，有序推进金融改革创新、防范化解金融风险，金融业保持快速发展，主要金融指标持续向好，金融服务实体经济水平和效能显著增强，金融开放有序推进，金融产品日益丰富，金融监管得到加强和完善，金融生态环境持续改善。

第一节　"十三五"时期重庆金融业发展成效

金融业规模和实力不断壮大。"十三五"期间，全市金融市场持续平稳运行，截至 2020 年末，金融资产规模达 6.67 万亿元、增长 59.5%，银行业、证券业、保险业资产规模分别达 59 077 亿元、1 029 亿元、2 124 亿元；全市金融机构总数达到 1 872 家、增长 24.8%，其中银行（含资管）103 家、增长 28.8%，证券分支机构 253 家、增长 34.6%，保险 62 家、增长 37.78%，银行、保险业法人机构数量排名西部第一。金融业增加值占地区生产总值比重从 5.53% 提高到 8.85%，本外币存款余额 4.29 万亿元、增长 53.2%，本外币贷款余额 4.19 万亿元、增长 90.5%，保费收入 998 亿元、增长 92%，金融综合实力走在中西部前列。

金融服务实体经济能力持续提升。截至 2020 年末，全市制造业中长期贷款余额达到 1 235.7 亿元，普惠小微贷款余额突破 3 000 亿元、比 2015 年末增长 4.6 倍，有力促进经济和金融良性循环、健康发展；"县域普惠金融"项目覆盖全市 70% 行政村，涉农贷款余额约 6 299 亿元，为脱贫攻坚战圆满收官提供重要支撑。上市公司 75 家、较 2015 年末增长 31.6%，融资规模 995.25 亿元、较 2015 年末增长 76.9%，储备拟上市重点企业 250 家，上市资源培育效果明显；区域资本市场稳步发展，累计新增挂牌企业 1 395 家，新增托管企业 1 302 家，向上级资本市场输送企业 34 家，实现融资 551.12 亿元，资产证券化产品规模位居西部第一。

金融要素集聚更具特色。全市要素市场达到 14 家，其中 7 家交易规模超 10 亿元，保险资产登记交易系统、石油天然气交易中心等全国性交易场所落地重庆。银行、证券、保险等 20 余类金融机构牌照实现全覆盖，中信银行国际业务运营中心、建行跨境金融服务中心、交行离岸业务中心、平安银行离岸金融中心、上海保险交易所西部中心等全国性或区域性、功能性金融机构相继落户。互联网小贷、消费金融等新型金融机构发展处于全国前列。融资租赁公司 82 家，是 2015 年末的 16.4 倍；备案股权投资类企业 770 家，比 2015 年末增长 56.5%。

金融改革试点任务纵深推进。获批全国金融标准创新建设试点、金融科技应用试点和创新监管试点城市，拥有数字金融相关试点数量西部第一。国家金融科技认证中心落户，26 项金融科技应用试点项目上线运行，5 项金融科技创新监管试点项目对外服务，一批金融科技总部型企业陆续在渝落户。推动法人金融机构改革重组取得明显成效，市级政府性融资担保机构完成整合工作，小微担保成功纳入国家融资担保基金首批合作范围。区域股权市场多项改革创新举措在全国领先。在国内较早启动碳排放权、排污权交易，重庆环境要素市场发展已初具规模，为创建绿色金融改革创新试验区积累了经验、奠定了基础。

金融开放合作迈向更高水平。依托中新（重庆）战略性互联互通示范项目（以下简称中新互联互通项目）、中国（重庆）自由贸易试验区（以下简称重庆自贸试验区）等战略平台，扩大金融高水平双向开放，成功举办三届中新（重庆）战略性互联互通示范项目金融峰会（以下简称中新金融峰会），中新互联互通项目下跨境金融产品累计融资 130 亿美元，平均利率低于境内融资 1.03 个百分点，帮助川、黔、滇、陕等西部省（自治区）企业跨境融资逾 55 亿美元。积极开展跨境投融资创新，中西部地区首笔跨境不动产投资信托基金（REITs）、全国首单非银金融机构借款及结汇业务、中西部地区首笔跨境债权转让业务、中新机构间首笔再保理业务落地，铁路提单信用证融资结算等 5 项创新被商务部纳入"自贸试验区最佳案例"向全国推广。率先开展外资股权投资基金跨境人民币资金业务，在全国首次通过交易所平台开展国有产权交易跨境人民币结算，2020 年全市跨境人民币结算金额居中西部第一、增速位列全国第一。

防范化解金融风险取得实效。全市金融系统加强金融风险源头管控力度，实行"一事一案一专班"，整治非法集资等金融乱象，持续压降互联网金融风险，全市 P2P 网贷机构已全部出清，网络小贷公司风险持续收敛。深化央地监管联动，协同在渝中央金融监管部门严控金融机构、产品、市场、人员等重点环节风险，持续提升地方金融监管能力。在全国率先搭建金融风险防控体系，打击非法金融工作纳入社区网格化管理，金融生态环境持续优化。截至 2020 年末，全市银行业不良率、小贷不良率、融资担保代偿率分别为 1.48%、9.43%、2.5%，均低于全国平均水平，守住了不发生系统性区域性金融风险的底线。

第二节　当前面临的机遇和挑战

"十四五"时期是重庆开启社会主义现代化建设新征程、谱写高质量发展新篇章的关键时期，金融业发展机遇与挑战并存。

经济平稳健康发展奠定良好基础。"十三五"以来，重庆全面落实党中央、国务院决策部署，持续打好"三大攻坚战"，深入实施"八项行动计划"，统筹推进稳增长、促改革、调结构、惠民生、防风险、保稳定工作，全市经济由高速增长转向高质量发展，发展质量效益不断提升，为"十四五"金融业发展奠定了坚实基础。

成渝地区双城经济圈建设带来重大机遇。《成渝地区双城经济圈建设规划纲要》明确了建设西部金融中心的任务，将进一步释放重庆和成都中心城市作用，推动各类资源要素合理流动、高效聚集、优化配置，提升金融业服务产业链、供应链、创新链水平，为全市金融改革发展提供了新的空间。

建设内陆开放高地注入发展活力。"十四五"期间，重庆将抢抓区域全面经济伙伴关系协定（RCEP）落地生效、高质量共建"一带一路"、中欧经贸合作等开放机遇，实行更高水平开放，加快建设内陆开放高地，释放更多新的增长动力，为深化金融开放创新创造良好环境。

科技革命和产业变革催动改革创新。新一轮科技革命和产业变革深入发展，产业基础高级化、产业链现代化步伐加快，重庆正加快产业转型升级、智能化改造，对金融服务水平提出新要求，必将促进金融业与数字技术深度融合，推动数字金融产品服务创新、金融科技企业和人才加速集聚，驱动金融业在经营理念、管理方式等方面加快转变步伐。

与此同时，重庆金融业发展还存在一些短板和不足。主要包括：金融业发展的能级还不够高，缺少具有影响力的地方法人金融机构和金融机构区域总部；金融业开放水平还不够高，国际性金融机构、国际化金融人才占比不高；金融生态还需优化，市场化法治化环境还要继续改善；金融资源配置手段还不够丰富，经济证券化水平还亟待提升；国际经济金融形势仍然复杂多变，防范化解重大金融风险、做好金融稳定发展工作还需持续加力。

总体上看，"十四五"时期是重庆打造西部金融中心、加快建设内陆国际金融中心的重要窗口期，必须抢抓战略机遇、积极应对挑战，明确"十四五"时期重庆金融改革发展的指导思想、发展目标、主要任务，坚持从全局谋划一域，以一域服务全局，推动全市金融业高质量发展。

第二章　指导思想与发展目标

第一节　指导思想

以习近平新时代中国特色社会主义思想为指导，全面贯彻落实党的十九大和十九届历次全会精神，全面落实习近平总书记对重庆提出的营造良好政治生态，坚持"两点"定位、"两地""两高"目标，发挥"三个作用"和推动成渝地区双城经济圈建设等重要指示要求，立足新发展阶段，完整、准确、全面贯彻新发展理念，积极融入和服务新发展格局，深入推进金融供给侧结构性改革，紧扣服务实体经济、防控金融风险、深化金融改革三大任务，以促进共同富裕为着力点，以构建现代金融体系为根本，以金融改革创新为动力，以金融开放为突破口，以营造良好金融生态和防范化解金融风险为保障，把金融业高质量发展放到更加突出的位置，构建产业金融中心、贸易金融中心、绿色金融中心、科创金融中心、普惠金融中心、数字金融中心等"六个中心",打造金融机构体系、金融产品体系、金融市场体系、金融创新体系、金融开放体系、金融生态体系等"六大体系",不断增强重庆金融资源配置能力、辐射能力和带动能力,以重庆与新加坡金融"点对点"对接带动中国西部与东盟国家"面对面"合作,加快打造西部金融中心,建设立足西部、辐射东盟、服务"一带一路"的内陆国际金融中心,全面服务经济社会高质量发展。

第二节 基本原则

——产融结合,服务实体。坚持金融服务实体经济的本质要求,从满足经济社会发展和人民群众需要的角度持续推进金融改革发展,完善金融服务。加大金融与产业的融合力度,围绕科技创新全过程、产业发展全链条、企业成长全周期增加金融有效供给,降低融资成本,优化资源配置,助力经济转型升级。

——改革创新,协调发展。坚持把新发展理念贯穿于金融改革全过程,积极稳妥推进首创性、差异化改革探索,激发行业内生动力,提升服务高质量发展能力。推进成渝共建西部金融中心,建立完善协作机制,促进金融业区域协调发展,不断增强成渝地区金融辐射力、带动力和影响力。

——科技赋能,绿色发展。坚持顺应科技革命和产业变革趋势,深化金融科技创新应用,助力成渝地区加快建设具有全国影响力的科技创新中心。围绕实现碳达峰、碳中和目标,激活绿色金融市场、创新绿色金融产品、完善绿色金融政策,助力经济社会绿色低碳可持续发展。

——扩大开放,普惠共享。坚持服务内陆开放高地建设,有序推进金融业高水平双向开放,积极构建人民币国际化和跨境金融服务重要市场。探索资源共享、要素共享、利益共享的普惠金融新模式,巩固提高金融对扩大居民就业、增加居民收入、优化产业结构、增加财政税收等方面的贡献。

——稳健运行,防范风险。坚持统筹发展和安全,平衡好稳增长与防风险的关系,遵循好市场化与法治化原则,夯实金融稳定运行的基础,确保金融生态体系健康发展。做好重大金融风险防范化解工作,加强风险压力测试,全面提升风险防范化解能力,牢牢守住不发生系统性区域性金融风险底线。

第三节 战略重点

"十四五"时期,进一步突出金融业在聚集辐射、资源配置、资金融通、价格发现和风险管理等方面功能,着力构建"六个中心"。

——产业金融中心。着眼服务国内大循环,围绕打造国家重要先进制造业中心的战略目标,推动产业与金融深度融合,构建支撑产业高质量发展的金融服务体系。面向产业核心企业,构建新型银企关系,发挥好引导基金作用,引导更多期限长、成本低的资金流入,有效满足企业研发创新、技术改造的资金需求。打造产业融资新模式,整合运用上下游企业信息资源,大力发展供应链金融,创新一批无抵押、弱担保的融资工具,提升全产业链融资供给水平。围绕产业补链强链与企业竞争力提升,发挥好金融机构财务投资的角色,充分利用资本市场融资工具,推动金融资本更多参与产业并购重组、企业增资扩股、产业招商引资。以良好金融生态环境,引导产业集团设立资金运营中心,推动产业资金在渝聚集,打造服务产业资金融通的金融枢纽。

——贸易金融中心。紧扣服务构建更加开放的国内国际双循环,服务内陆开放高地建设。依托中新互联互通项目、重庆自贸试验区、中欧班列(成渝)、西部陆海新通道等开放平台和通道,围绕服务业扩大开放综合试点、外贸转型升级基地建设、进口贸易促进创新示范区建设,推动金融规则制度型开放迈出新步伐。扩大双向金融开放,推动金融产品互认、货币结算、资本自由兑换流通、跨境投融资等创新,探索搭建人民币国际化和跨境金融服务重要载体,强化对"一带一路"沿线国家和地区①、区域全面经济伙伴关系协定(RCEP)成员国的聚集辐射作用。提升金融市场的价格发现功能,积极发展各类要素交易市场,以更加公允的价格信号引导资源合理配置,有效降低国际贸易市场波动带来的影响,提升重庆在全球贸易与产业合作中的话语权和定价权。

——绿色金融中心。坚定不移贯彻绿色发展理念②,围绕碳达峰、碳中和目标,依托绿色金融改革创新试验区建设,聚集更多绿色金融机构、绿色研发机构、绿色中介服务机构,助推经济绿色低碳转型。建立健全碳排放权、水权、排污权、用能权等交易市场,创新绿色金融产品和服务,探索建立绿色金融指数。开展应对气候变化投融资试点,构建层次分明、

---

① 编辑注:即"一带一路"合作伙伴,此处保留文件原文。后同。

② 编辑注:即新发展理念,此处保留文件原文。

结构合理、功能齐备、高效联动的绿色金融市场体系，推动资金要素向绿色低碳领域聚集。积极参与绿色金融国际合作，在信息互通、标准互认等方面积极开展探索。

——科创金融中心。立足成渝地区加快建设具有全国影响力的科技创新中心，围绕西部（重庆）科学城建设，建立完善专业化、多元化、跨区域的科创投融资体系。优化科创金融供给结构，建设多样化科创融资平台，丰富金融服务工具，创新科创金融机构，丰富市场化、法治化的增信手段，加快形成有利于支持科创企业加大研发投入、实现跨越发展的融资供给，形成风险和收益相匹配的科创金融机制，进一步提升金融对科技创新资源的优化配置功能。

——普惠金融中心。以服务实体经济为根本，统筹乡村振兴和城市提升两个基本面，着力扩大中小微企业、"三农"等信贷规模。强化乡村金融基础设施建设，鼓励金融机构丰富惠企惠民惠农资金业务，提高金融资源和金融服务的可获得性、便利性和可持续性。按照市场化和政策扶持相结合的原则，创新适合中小微企业特点的专项金融产品，完善金融信息和信用平台建设，推动金融机构与融资担保机构合作，发挥政府性融资担保增信作用，为中小微企业提供更多低门槛、高效率的融资服务。

——数字金融中心。把握金融科技快速发展趋势，围绕国家金融科技认证中心、中新金融科技合作示范区建设，推动金融科技创新，强化金融科技成果推广应用，引导更多金融科技公司来渝展业。用数字化手段提升交易定价、风险管理能力，创新数字投融资工具，更好发挥数字技术对金融的基础性支撑作用，实现数字技术与金融服务、应用场景深度融合。进一步完善大数据、云计算、人工智能、区块链等数字金融服务基础设施，推动全程电子化和电子营业模式改进升级。提升数字化监管能力，助力风险监测和处置，促进金融数字化智能化转型。

第四节　发展目标

到 2025 年，金融支柱产业地位稳步提升，金融体制机制更加优化，金融机构创新活力不断增强，金融开放程度显著提高，金融集聚力辐射力带动力显著提升，推动经济高质量发展能力显著增强，"六个中心"建设有序推进，"六大体系"更为成熟完善，西部金融中心初步建成，内陆国际金融中心的发展格局基本成型。

到 2035 年，西部金融中心地位更加巩固，内陆国际金融中心能级显著提升，服务高质量发展作用进一步凸显，重庆与新加坡金融"点对点"合作带动中国西部与东盟国家"面对面"互联互通格局基本形成，金融服务实体经济功能更加完善，多层次资本市场更加健全，防范金融风险能力持续增强，金融营商环境显著优化。

专栏1 "十四五"金融发展主要预期指标

序号	指标名称	单位	2020 年	2025 年
1	金融业增加值占 GDP 比重	%	8.9	9.5
2	资产规模	万亿元	6.67	10.7
3	社会融资余额	万亿元	6.67	11.0
4	本外币存款余额	万亿元	4.29	6.3
5	本外币贷款余额	万亿元	4.19	7.1
6	非金融债券发行规模	亿元	2 171	3 500
7	保费收入	亿元	998	1 600
8	保险密度	元/人	3 078	4 849
9	绿色贷款余额	亿元	2 835	5 700
10	中长期制造业贷款余额	亿元	1 236	2 500
11	跨境融资规模	亿美元	【134】	【150】
12	银行业不良贷款率	%	1.48	低于全国平均水平

注：【】为五年累计数据。

第三章 优化金融中心空间布局

充分发挥区位、产业、资源、生态优势，立足金融核心区能级提升和"一区两群"金融协调发展，携手成都及川渝毗邻地区，推动全市金融业加快形成优势互补、错位发展的空间布局。

第一节 提升金融核心区发展能级

推动金融核心功能聚集。夯实"江北嘴—解放碑—长嘉汇"金融总部集聚基础，推动法人机构、交易场所、基础设施等重点项目优先布局，推进金融机构的区域性总部、功能性中心优先落户。强化上下游金融产业集群发展，促进金融机构协同合作，提升产品服务研发创新水平，提升金融供给能力。充分发挥产业引导、资本招商、孵化培育等作用，推动一批新型金融机构设立与落地。促进"产业+金融"融合布局，推动大型央企、平台企业、跨国企业等集团总部落户，鼓励实体企业设立投资决策、资金运营、财务结算等功能总部。

建设宜居宜行的山水金融城。持续优化金融核心区规划设计与空间布局，加快构建"江北嘴—解放碑—长嘉汇"三片区直连直达的交通网络，优化完善内部交通体系，建设一批特色山地水岸休闲空间，构建一站式办公生活便利圈。统筹优化空间载体，高水平打造一批标准化空间载体，建设一批城市候机厅、中转会客厅等设施。打造信息化、数字化"软环境"，提升网络传输速度和大数据处理能力，为远程办公、视频会议提供专业化的设备设施。

构建线上金融核心生态圈。加快金融科技要素聚集，鼓励金融机构运用区块链、大数据等信息技术，不断拓展金融科技应用场景和覆盖范围，以现代科技手段赋能金融辐射能力提升。搭建对接协作的信息化平台，强化上下游、同业间线上业务协作功能，推动更多金融机构通过专用网络接入平台，逐步扩大平台覆盖范围。拓展平台政银企供需对接服务，搭建数字化的跨区域融资项目库，创新线上路演、项目调查、财务审计等服务，大力发展电子化融资新模式，打造金融科技与融资服务深度融合的应用场景。

专栏 2　推进金融核心区建设

重庆金融核心区包括江北嘴、解放碑、长嘉汇三个片区，约10.5平方公里。
——江北嘴片区约2.3平方公里，发挥总部聚集、牌照齐全、配套完善等优势，加快建设跨境金融、资金运营结算、金融科技、供应链金融、股权投资、消费金融、财富管理等功能板块，推动金融开放创新先行先试，积极建设跨境投融资中心、结算中心、财富管理中心。
——解放碑片区约4.2平方公里，强化金融总部管理决策功能、结算功能及财富管理功能，着力提升跨境投融资、跨境交易等服务能力，构建更加开放便利的跨境综合金融服务市场，推动区域性资本市场创新发展，打造私募基金西部高地。大力发展绿色金融、金融科技、供应链金融、股权投资等功能板块，打造具有影响力的金融生态示范区。
——长嘉汇片区约4平方公里，充分发挥空间载体和绿色生态的优势，重点引进培育新型金融机构总部和创新金融业态，推动境内外金融机构设立后台服务中心、产品研发基地，加快建设金融科技、消费金融、绿色金融、供应链金融等功能板块，依托广阳湾片区，打造绿色金融创新示范区。

第二节　推动"一区两群"金融协调发展

推进主城都市区金融特色化发展。创新产融结合的金融服务体系，支持各区探索符合本地产业特点的融资模式，大力发展供应链金融、产业链金融。推广一批面向实体经济的创新金融产品服务，加大信用贷款、无本续贷、投贷联动等落地应用。设立一批具有特色的专业化金融机构，吸引融资租赁、商业保理等金融机构落地。依托西部（重庆）科学城建设，推动落地科技支行、科技保险等专营金融机构，吸引一批国内外知名的创投机构聚集，高水平打造科创金融小镇。探索"一镇多园"模式，发挥好各地产业园区服务平台作用，强化风险资金与创投项目有效对接，构建广覆盖、深融合的科创金融服务体系。鼓励金融机构布局一批信息服务中心、数据备份中心、人才培训中心等后台服务机构，鼓励发展一批法律、咨询、会计、评估等金融配套服务机构。

推动渝东北三峡库区城镇群和渝东南武陵山区城镇群金融差异化服务。依托"两群"地区资源禀赋，发展具有区域特色的普惠金融、绿色金融产品和服务。鼓励"两群"区县（自治县，以下简称区县）围绕自身比较优势，逐步提升企业信用债券、资产证券化产品等发行规模，推动特色农业、旅游服务企业上市培育，探索发行地方政府专项债券等支持符合条件的乡村振兴、农村产业融合等领域建设项目，推动金融资源流向绿色产业和特色产业，推进农村一、二、三产业融合发展。持续完善区县金融配套服务体系，为"两群"地区金融机构发展、金融科技应用、金融产品创新提供差异化、个性化、定制化服务。

提高金融服务乡村振兴能力。深入实施金融支持乡村振兴战略，保持主要金融帮扶政策总体稳定，加大对脱贫地区和乡村振兴重点区县金融支持力度。在符合条件的区县继续执行优惠利率，有序推进政策性农业保险改革试点，落实好中央财政农业保险保费补贴政策，推进农业保险与信贷、担保、期货（权）等联动。抓好农户、脱贫人口等个人普惠领域金融政策落地，依法积极拓宽农业农村抵押质押物范围，加大涉农金融服务平台的推广应用，优化农村产权交易服务，提高农村金融服务覆盖面和信贷渗透率。健全完善农村信用体系，加快建立涵盖政府、金融机构、企业、个人的社会化综合性农村金融信息管控体系，加强金融风险源头管控，为金融支持乡村振兴厚植信用土壤。

专栏 3　金融服务乡村振兴

> 实施"1+2+N 普惠金融服务到村"工程。推动银行成立乡村振兴内设机构，在农业生产基地、农产品加工园区、物流配送中心等设立服务网点，推动 ATM、POS 机等服务设施合理布局，强化大数据、云计算、区块链等技术应用，加快移动金融 APP 推广使用，打造线上线下、全流程农村金融服务体系，实现普惠金融"服务到村、帮扶到户、惠及到人"。

加大涉农领域融资供给。聚焦城镇村庄建设、人居环境整治等领域，发挥好政策性和商业性金融作用，加大对中长期信贷支持力度。完善农村产权抵押融资风险补偿政策，大力推广土地经营权、林权、农村居民房屋等抵押贷款，创新发展农户小额信用贷款、保单质押贷款、农机具抵押贷款业务。推动政策性农业保险扩面增品提质，扩大"保险+期货"试点，探索主要粮食作物完全成本保险试点。

健全农村信用体系。加强农村信用信息基础数据库建设，积极开展信用村镇创建工作。依托"长江渝融通"信贷大数据系统，汇集新型农业经营主体名录、土地、补贴、信贷、保险等相关数据，实现新型农业经营主体信用建档评级工作全覆盖。

第三节 推进成渝共建西部金融中心

加强金融机构跨区域协作。探索成渝金融服务一体化和同城化试点，鼓励金融机构在成渝地区双城经济圈内统筹布局，提供同城化、便捷化服务。强化两地金融机构在项目规划、项目评审评级、授信额度核定、信贷管理及风险化解等方面合作，推动毗邻地区金融协作。推进保险承保理赔服务跨区域标准化建设，探索保险理赔通赔通付制度。推动担保、不良资产处置、创业投资和私募股权投资跨区域合作。

加强金融市场互联互通。推进成渝两地区域性资本市场合作，共同打造私募基金西部高地。鼓励金融要素市场做大交易规模、丰富交易品种，推进要素的市场化配置和跨区域流动，探索构建统一的国有产权和公共资源、农村产权等要素交易市场。探索"川渝共同产权市场"平台，鼓励商品类交易场所开展战略合作，共建具有区域影响力的大宗商品现货交易平台，打造"一带一路"进出口商品集散中心。

加强区域金融政策协同。建立成渝地区联合授信机制，畅通跨区域信贷资源流通渠道，搭建区域一体化信息平台。探索建立一体化、市场化的成渝地区征信体系，引导征信机构、评级机构合作和重组。健全利益联结机制，支持在有条件的区域共同组建投资集团、设立投资基金，建立财税收益分享模式和统计分算方式。共同推动金融"放管服"改革，进一步落实公平竞争审查制度，加快清理妨碍统一市场和公平竞争的规定。

加强金融基础设施衔接。争取在成渝地区开展异地开立企业外债账户取消事前核准试点。推进支付体系一体化建设，拓展移动支付使用范围。推动有条件的商品及期货交易所设立交易系统备份中心、研发中心和业务分中心，鼓励和支持国内外金融机构在成渝地区建设信息化平台、信息服务中心、数据备份中心和研发中心。有序推进成渝地区金融统计数据共建共享共用，搭建金融综合统计数据共享平台，畅通数据收集渠道。

第四章　构建高质量金融发展体系

第一节　健全金融机构体系

加快形成门类齐全、功能完备、具有国际竞争力的金融机构体系，增强金融创新活力和综合服务能力。

一、加快集聚总部型金融机构

发展培育法人金融机构。争取设立立足成渝地区双城经济圈、服务西部陆海新通道的跨区域经营国际商业银行。打造资产管理机构聚集区，推动设立银行理财、保险资管、公募基金、券商资管等机构，鼓励资产管理机构参与基本养老保险基金、企业年金、职业年金管理，推动扩大基金投资顾问试点。完善创新型专业金融体系，争取设立直销银行、消费金融、金融租赁、汽车金融等新型金融法人机构。研究设立国有金融控股公司，探索地方法人金融机构协同发展新路径。支持地方法人银行加快数字化转型、平台化发展，引导民营银行、村镇银行差异化特色化经营。推动法人证券期货机构壮大综合实力，提升法人保险机构专业化水平和可持续发展能力。

加快引进功能性金融总部。推动大型金融控股集团在渝设立后台服务中心、产品研发中心、数据管理中心等功能性中心，布局服务"一带一路"、长江经济带和西部大开发的区域性总部，提升分支机构权限和层级。提升保险经营主体规模，探索设立专业养老保险机构，推动各类社会组织、大型企业集团等设立自保公司、相互保险组织。强化与大型保险集团合作，研究建设承保实验室、风险证券化研究中心、再保险交易等行业基础平台。围绕中欧班列（成渝）、西部陆海新通道等出海出境大通道，打造陆海运输保险运营中心、人身保险研发中心，积极发展货运险、船舶险、延误险。

二、大力发展开放型金融机构

加快国际金融机构落地。推动外资金融机构在渝设立外资控股的银行、保险、证券、资产管理等法人机构，鼓励境外金融机构在渝开设分支机构，拓宽业务经营范围，加快外资金融机构集聚。鼓励国际多边开发金融机构在渝设立服务"一带一路"的业务拓展中心和运营管理中心，推动东盟地区中央银行和国际金融组织在渝设立代表处，加快建设中国—东盟银联体（重庆）。强化与上海外汇交易中心、黄金交易所、票据交易所等战略合作，构建西部业务中心。

推动设立跨区域跨境投资基金。争取设立中外合资的西部（国际）陆海新通道（私募）基金、中外合资股权投资基金和创业投资基金。在助力产业发展的投资引导基金框架下，设立招商引资子基金集群，探索多地市场主体共同出资设立城乡统筹发展基础设施建设基金。支持通过市场化方式设立境内外私募平行基金，引入开放平台设立技术并购基金。

三、规范发展创新型金融机构

稳妥发展金融新业态。鼓励大型金融机构、企业集团、科技创新企业等发起设立金融控股集团，进一步整合上下游金融资源，打造一批辐射能力大、带动效应好、实力规模强的综合金融平台公司。推动符合条件的银行理财公司、金融资产投资公司在渝设立专业子公司，重点发展基金登记、估值核算、基金评价、咨询资讯等机构，研究设立专业托管机构。

提升地方金融组织实力。打造创新型的小额贷款机构。深化政府性融资担保体系建设，构建以市级担保和再担保公司为龙头、区县全覆盖的政府性融资担保体系。推动商业保理公司、融资租赁公司发展，满足中小企业流动资金周转、技术升级改造等需求。发挥典当行业应急融资功能，支持规范发展。推动地方资产管理公司壮大资本实力，增强不良资产处置能力。

四、完善专业型配套服务机构

健全信用服务体系。探索设立具有区域影响力的信用增进公司，提升资金实力和信用等级，为企业境内外发债提供增信服务。发起设立信用评级机构，推动国内外知名信用评级机构在渝设立分支机构。对接国际评级规则，构建流程规范、标准统一、服务过硬的信用评级体系。推动设立市场化征信机构，借助大数据、智能化手段创新产品服务，提升征信市场有效供给和征信服务水平。

促进专业服务中介发展。支持保险经纪、货币兑换、信息统计等金融配套服务机构创新经营模式和服务业态，大力发展金融数据处理、金融软件开发等金融服务外包产业。推动国际国内知名会计师事务所、律师事务所、资产评估机构在渝设立分支机构，培育具有较强竞争力的机构品牌。打造"融智"中心，加快建设高水平的金融研究院，引入高端财经智库，建立国际金融专家顾问团。

第二节　丰富金融产品体系

引导金融机构创新金融产品和服务，面向重点领域、薄弱环节，建设全面服务高质量发展的金融产品体系。

一、创新发展绿色金融

加快创建绿色金融改革创新试验区。推动金融机构完善绿色业务框架，研究设立绿色生态科技银行。深化跨区域环境权益交易合作，扩大碳排放权、水权、排污权、用能权等交易规模，探索开展碳排放交易外汇试点，创新基于环境权益公允价值的金融产品。推进"长江绿融通"绿色金融大数据综合服务系统建设，建立适应绿色发展的风险补偿、融资增信等财金互动政策体系。推动应对气候变化投融资试点，创新气候投融资产品和服务。推动重庆与新加坡绿色金融合作，探索与新加坡构建统一的绿色金融认定标准。积极争取中欧绿色金融标准认定及应用试点城市资格，在碳排放计量和认证、零碳技术孵化与应用等方面加强与欧盟国家合作。

拓宽绿色产业融资渠道。支持法人金融机构发行绿色金融债，鼓励企业（项目）发行绿色债券融资工具。做好绿色信贷"加减法"，鼓励金融机构将环保信用等级与信用信息纳入融资评价体系，推动绿色项目库建设，加大对绿色低碳产业和传统企业绿色升级的信贷支持力度。积极推动环保企业、低碳科创企业上市，鼓励风险投资基金加大对碳捕获、利用与封存（CCUS）等低碳科技企业投资，促进低碳技术研发和实践应用。发展绿色保险，建立保险理赔与环境风险处理联动机制，推广环境污染责任保险产品。

专栏 4　金融支持绿色发展

加强政策支持。鼓励金融机构总部对分支机构绿色金融内部资金转移定价（FTP）价格给予适当补偿，并在资本配置、风险资本占用等方面给予适当倾斜。加大绿色信贷在宏观审慎评估（MPA）中的考核比重，运用再贷款、再贴现等货币政策工具，支持绿色信贷发展。

创新金融服务。推进环境权益、节能环保项目特许经营权、海绵城市建设政府和社会资本合作（PPP）项目收益权、绿色工程项目收费权和收益权等抵质押融资创新。研究推出天气指数保险、清洁技术保险、碳交易履约保险等保险产品。引导金融机构和碳资产管理机构之间开展借碳、配额回购、国家核证自愿减排量（CCER）置换等融资业务。

强化国际合作。加强与新加坡在绿色债券、绿色跨境资产转让、碳资产认证及交易等绿色金融领域的合作，借鉴国际资本市场协会发布的绿色金融案例，支持绿色金融改革政策、创新产品在渝先行先试。

二、提升贸易金融服务水平

强化通道建设融资服务。鼓励政策性银行扩大政策性贷款业务范围，支持西部陆海新通道沿线交通物流基础设施建设、通道与区域经济融合发展项目。鼓励金融机构面向贸易企业开发信保融资、货押融资等金融产品，大力发展出口信用保险、国内贸易信用保险。深度融入内陆国际物流枢纽建设，扩大在国内外贸易中的应用深度与广度，推动信用证跨行通用，探索构建跨境跨区域的信用证登记结算系统。

打造"一站式"物流金融综合服务平台。加强与人民银行征信中心动产融资统一登记公示系统对接，构建集境内外动产抵押登记服务、货物物联网监管服务、投融资对接服务及融资增信服务于一体的跨区域"物流+商贸+金融"生态圈。建设物流金融数据库，与跨区域政府公共信息服务平台、跨区域物流贸易信息平台、国际贸易"单一窗口"互联互通，提升跨区域的物流金融数据服务能力。

积极探索陆上贸易新规则。深化铁路运单物权化试点，推动完善国际铁路提单融资工程，扩大铁路运单在贸易结算融资中的运用，提高境外商业银行对铁路运单和铁海联运"一单制"的接受度。创新多式联运单证跨境融资产品，推动提单确权登记，探索创新跨境公路运输提单、内河航运提单。

三、发展供应链金融新模式

创新供应链融资模式。鼓励产业核心企业与金融机构整合物流、资金流和信息流等，积极开展仓单质押贷款、应收账款质押贷款、票据贴现、保理等多种形式的金融业务，提供数字化、场景化、生态化供应链金融解决方案。探索支持核心企业发行基于供应链的资产支持票据，创新构建"核心头部企业+上下游企业+链网式金融"金融模式。

发展数字化供应链金融产品。推进应收账款融资服务平台、供应链票据平台建设，推广应用动产融资统一登记公示系统、区域供应链金融科技平台，提高供应链上下游中小微企业融资效率。对接上海票据交易所平台，试点开展应收账款票据化业务，探索创设标准化票据，推进票据经纪业务和票付通业务。

专栏5　金融支持小微企业

丰富金融产品和服务。持续加大信用贷款、无还本续贷产品的投放，开发"专精特新"小微企业融资专属产品，围绕产业核心企业综合金融服务方案，提供方便快捷的线上融资服务，支持政府性融资担保机构和银行业金融机构在风险共担前提下，共同创设"见担即贷""见贷即担"等产品模式。

强化信息技术应用。搭建统一、高效的综合金融服务平台和信用信息共享平台，借助大数据、智能化手段，开发符合小微企业特点的信用评价模型、风险管控技术、授信审批机制，用科技手段提升服务水平、降低运营成本。

加大风险分担力度。实施财政支持普惠金融发展示范区奖补政策，优化完善风险补偿资金池、转贷应急周转金机制，发挥好政府性担保体系的风险分担作用，进一步降低担保费率、简化业务流程，促进银政、银担合作可持续发展，撬动更多金融资源向小微领域倾斜。

完善评价考核机制。支持银行制定小微业务年度发展目标，将余额增长、覆盖户数等指标纳入内部考核，督导银行机构落实绩效考核、内部资金转移定价、差异化不良容忍度和授信尽职免责等机制。

四、规范发展消费金融

提升消费金融服务能力。发挥好消费金融领域人才、政策和产业优势，支持商业银行适度扩大消费信贷规模，引导消费金融公司、汽车金融公司等金融机构规范发展，探索将技术实力强、数据基础好的消费金融公司改制为数字银行。支持符合监管要求的消费金融专营机构适当放宽融资条件，通过发行信用债、资产支持证券等方式进行融资，开展跨领域的资本合作。

拓展消费金融应用场景。围绕国际消费中心城市培育建设，推动金融机构与大型零售企业联合发行预付卡，探索完善预付卡备付金制度，逐步构建起跨地区、跨行业的预付卡登记结算系统。拓宽消费金融应用场景，支持金融机构面向旅游休闲、养老家政、教育文化等新兴服务消费领域，创新开发一批中长期融资产品和保险服务，探索"金融＋服务消费"新模式。拓展非现金支付应用领域，便利经常项下交易跨境支付，探索开展金融集成电路（IC）卡及移动金融技术和业务创新，构建便捷、丰富的金融IC卡便民生活圈。

第三节　完善金融市场体系

以增强金融资源配置能力为目标，拓宽股权融资渠道，提高直接融资比重，优化间接融资方式，构建具有辐射力、影响力的金融市场体系。

一、构建多层次股权市场

打造上市服务基地。大力推进股权融资，拓展多层次、多元化、互补型股权融资渠道，不断提升经济证券化水平。积极争取境内外主要证券交易所来渝设立服务基地，承接交易所上市路演、资源对接等综合功能，培育引进证券公司、投资银行等金融机构，加快发展中介服务机构，促进形成上市孵化生态圈。进一步健全企业上市储备和激励机制，完善上市资源储备库，精准服务"种子企业"，推动重点企业加快上市进程。持续提高上市公司质量，进一步完善上市公司内部治理，鼓励上市公司通过定向增发股票、发行优先股及可转债等方式进行再融资。发挥资本市场的并购重组主渠道功能，建立市场化并购基金，采用资产注入、引入战略投资等方式，推动企业并购重组。

创新发展区域性股权市场。开展区域性股权市场制度和业务创新试点，探索交易机制创新，鼓励依法合规开展登记托管、交易品种等业务创新。探索设立私募股权和创业投资股权份额转让平台，创新开展基金份额转让。重点打造企业综合金融服务平台、企业上市服务平台、科创企业孵化培育平台。支持建设全市科技型企业综合金融服务平台，持续引入政府公共资源，推动企业与创投资本深度对接。探索适合科创企业和科技成果转化企业的挂牌交易规则，开展直接融资工具创新。搭建统一的企业股权信息平台，推动地方金融机构股权托管。与上级资本市场建立"绿色通道"，探索完善多层次资本市场企业孵化培育机制，鼓励证券公司深度参与上市种子孵化。建立辐射西部、服务"一带一路"沿线国家和地区的多层次资本市场合作机制，开展境外合格投资者投资区域性股权市场挂牌企业试点。

二、打造私募基金西部高地

推动创投股权基金发展。用好用足税收优惠、对外投资等政策，优化备案流程，推动私募股权投资基金、私募证券投资基金、份额转让基金等各类私募基金集聚，推动市场化设立人民币海外投贷基金、技术并购基金，推进合格境内有限合伙人（QDLP）试点业务开展，发挥好资金托管、会计服务等中介机构作用，形成完善的私募基金生态圈。搭建资本与项目的对接平台，强化金融机构与区域内科创企业、骨干企业对接，为投资者提供项目咨询、业务办理服务。面向小微企业、个人创业，探索网络股权投资平台发展新路径。探索政府产业引导股权投资基金转型母基金，通过参股、跟投、风险补助等方式推动私募基金发展。

拓展私募基金融资渠道。争取私募基金管理模式创新政策，探索打造西部私募股权投资基金服务平台。鼓励国有资本与投资机构合作设立私募股权投资基金，引导创业投资基金和天使投资人重点支持初创型企业和成长型企业。推动合格的理财产品、资产管理计划在依法合规、商业自愿、风险可控的前提下投资创业投资基金或私募股权投资基金，支持风险资金通过企业上市、出售股权、兼并收购等方式退出。完善政府引导基金市场化运作机制，扩大产业引导基金规模。

三、提升信贷供给能力

推动信贷功能深化拓展。不断优化信贷结构，积极开发个性化、差异化、定制化金融产品，满足企业融资需求。争取全国性银行总部资源倾斜，在项目审批、产品创新等领域赋予分支机构更大权限。发挥好政策性银行、大型商业银行信贷资金优势，强化信息共享、风险共担、贷后管理等合作，通过跨区域联合授信、跨机构银团贷款等机制，提升信贷资金批量供给水平。进一步畅通资金供应渠道，鼓励政策性银行通过批量转贷、委托贷款等方式向中小银行、村镇银行等提供信贷资金，拓宽普惠信贷资金来源。

加快信贷产品创新。加大企业信用贷款投放力度，推动商业银行优化风险评估机制，减少对抵押担保的依赖。强化政银企对接机制，进一步完善企业项目库，支持银行机构开展融资需求对接，根据企业生产经营特点和融资需求提供适合的金融政策和产品。推动构建新型银企关系，加大制造业中长期贷款支持力度。进一步加大对外贸企业的信贷支持力度，稳步扩大出口信用保险保单融资规模，争取放宽国内外汇贷款偿还限制。

四、创新发展债券融资市场

健全债券发行交易服务机制。发挥金融机构财务顾问与担保增信的作用，"一企一策"指导企业优化资产负债结构，运用第三方担保、债券违约保险、资产抵押质押等增信手段，提升企业信用等级，支持企业发行各类债券融资工具。引进培育信用评级机构，推动评级业务覆盖更多企业，提供与国际接轨的高质量评级服务。鼓励符合条件的商业银行、证券公司、保险公司取得银行间债券市场做市商资格，推动符合要求的地方法人金融机构取得国内债券市场主承销商资格，依法依规为各类主体参与债券市场提供托管结算服务。

创新债券融资模式。推动企业发行企业债券、公司债券、短期融资券、中期票据等债务融资工具。鼓励金融机构发行永续债、金融债、专项债，筹集资金支持重点领域市场主体发展和项目建设。支持住房租赁金融业务创新和规范发展，强化资产证券化产品创新应用，积极发展基础设施领域不动产投资信托基金（REITs）。在依法合规前提下发行地方政府专项债券、银行间专项债券，支持符合条件的西部陆海新通道项目建设。

五、促进保险市场加快发展

健全保险服务体系。积极争取外资持股、资金运用、资产转让等领域创新试点政策落地,开展跨境保险资产管理、跨境医疗保险等金融服务。积极发展再保险市场,吸引境内外保险集团、保险公司在重庆设立再保险机构,创新发展全球保单分入业务,提高再保险市场创新、承保能力及服务水平。探索建立科技保险奖补机制和再保险制度,开展专利保险试点,支持法人保险向专业化、创新型发展。支持中保登发挥好保险资产登记结算功能,构建保险资产交易平台。

推进保险产品创新。规范发展第三支柱养老保险,推进专属商业养老保险试点,推动个人税收递延型商业养老保险。支持寿险公司与领先医疗机构合作,开发一批医疗险、健康险、医疗责任险等创新产品。推进商业保险机构参与基本医保、长期护理保险的经办服务,支持保险机构投资医疗和健康产业,鼓励保险机构投资设立医养结合型养老护理机构,开展社商融合型普惠式健康保险试点。加快发展各类责任保险,加快试点住宅工程质量潜在缺陷保险、电梯险等民生保障项目,发挥保险"减震器"作用。

第四节 构建金融创新体系

推动金融与科技深度融合,拓展科创企业融资渠道,提升金融供给能力,打造全生命周期的金融服务体系。

一、加快科创金融试验区建设

创设科创金融改革试验区。推动西部(重庆)科学城开展科创金融先行先试,健全科创金融组织,构建科创金融生态体系。搭建知识产权融资服务和科创项目信息对接共享平台,探索建设科创项目评审公共服务中心。强化与区域性股权市场联动,探索适合科创企业项目、科技成果转化的挂牌交易规则,加快推动一批科技实力强、市场前景广的"硬核"科创企业挂牌上市。推动有实力的私募机构承接科创园区委托运营项目,引进全国有潜力的科创企业入园,形成众创孵化、产业加速融合发展的良性循环。高水平打造重庆国际创投大会品牌,强化与全球金融资源对接,持续吸引境内外科创基金。

支持科创金融产品创新。支持金融机构创新契合科创企业特点的产品工具,创新开展投贷联动、股债联动、投保联动等业务,鼓励银行机构对科技型企业单列信贷计划,出台支持科创专项政策。推动担保增信服务覆盖更多科创企业,不断扩大知识价值担保规模。支持开展信用保险、保证保险等产品,建立科技保险奖补机制,加大推广专利保险,提高企业抗风险能力,增强信贷可获得性。鼓励科创企业利用股权、知识产权开展质押贷款融资,大力推广知识价值贷、科技信用贷、科技创业贷,创新推进开展保险科技应用试点工作。提升科创企业跨境融资便利化水平,支持科创基金跨境资本流动,鼓励境外私募基金投资科创项目,优化外债审批流程,便利科创企业收入跨境汇兑。

畅通科创领域直接融资渠道。探索高收益科创债发展路径,推动符合条件的交易场所创新发展可转债、可交换债等股债结合的融资工具,为科创企业提供便捷发行与交易服务。面向中小科创企业,探索建立跨区域柜台债券市场,创新优先票据、次级票据、担保债券等产品,建立债券担保、违约处置、信息披露机制,完善投资者保护与兑付违约处置机制。鼓励发行创业投资基金类债券、双创金融债、双创公司债等债券工具。

二、打造中国(西部)金融科技发展高地

加快金融科技产业布局。深化国家金融科技应用和金融标准化创新试点,开展金融科技赋能乡村振兴示范工程、金融数据综合应用试点,高水平建设重庆国家金融科技认证中心,打造专业化认证机构,加快引进培育金融科技头部企业、金融科技创新项目。推动金融科技研究与应用加快发展,搭建基础研究和应用实践的创新平台,建设一批紧跟国际前沿、国内领先的跨学科金融科技研究基地。加大人工智能、大数据、云交易等基础技术在金融领域的应用,吸引更多金融科技底层技术企业聚集,打造国家金融科技领军城市。

专栏6　建设重庆国家金融科技认证中心

建设金融科技认证机构。筹建国家级中国合格评定国家认可委员会(CNAS)检测认证实验室,打造金融科技产品国家认可实验室,搭建金融标准综合信息服务平台,建设博士后科研工作站。

强化技术应用安全保障。推动生物识别、云计算、大数据等新技术在金融领域的安全应用,开发新检测技术及认证服务,开展第三方测试与验收,拓展网络安全等级保护检测、商用密码产品安全评估、电子数据司法鉴定等创新业务,推进信息技术创新应用评估延伸。

打造金融科技标准体系。培育金融科技标准化服务机构,开展金融科技领域标准建设,完善金融标准化评价体系,参与国家标准、金融行业标准、团体标准、企业标准的研究和制定修订,提供标准化管理流程再造服务,开展企业标准体系咨询、研制、评估、培训等服务。

推进金融标准国际化合作。依托金融标准综合信息服务平台,追踪国内外标准产出,积极探索国际互认机制,加强与"一带一路"沿线国家和地区的国际金融科技认证及标准化合作。

不断拓展金融科技应用场景。开展前沿技术验证试点,建立跨区域政银企信息化平台,探索发展智能投顾等金融科技新业态,推动新技术和新手段在普惠金融、农村金融、消费金融、供应链金融、跨境金融等领域应用。推进数字技术与支付服务深度融合，提供多样化、个性化支付解决方案，建立覆盖支付数据采集、筛选、加工、存储、应用的全流程管理体系。争取开展法定数字货币试点，探索数字人民币的国际应用场景。依托中新（重庆）国际互联网数据专用通道，建设中新金融科技合作示范区，探索与"一带一路"沿线国家和地区在金融科技认证认可、标准制定、场景应用等领域国际合作，探索建立与国际数字贸易相匹配的金融科技国际合作规则。

完善金融科技规则与制度。积极推进西部数字资产交易中心建设，探索数据流转和价格形成机制，健全数据资源产权、数据转移应用等基础性制度和规范标准，建立大数据产权交易和自律机制。积极开展金融科技创新监管试点，建立数字化监管规则库，创新跨部门、跨行业监管机制，建立跨区域金融科技监管信息平台。健全数据共享机制，依托政务数据资源共享系统，进一步整合跨行业跨领域数据资源。加快布局金融安全相关的网络、芯片、交换系统、数据中心等基础设施，支持金融科技安全核心技术研发，推动数据安全、网络安全、信息安全、系统安全等金融科技企业集聚发展。

第五节　建设金融开放体系

围绕服务内陆开放高地建设，深化跨境金融业务创新，积极有序开展国际金融交流，以高水平开放推动金融高质量发展。

一、构建适应改革创新的多功能开放账户

构建本外币账户管理体系。探索建立与自贸试验区相适应的本外币账户管理体系，开展本外币合一银行账户体系试点，健全本外币跨境资金池管理政策。探索更加便利资金收付的跨境金融管理制度体系，创新资本项目可兑换的实施路径。探索自由贸易账户、境外账户、境内账户互通机制，创新资本项下本币跨境支付模式，推动金融机构开展分账核算试点，推进境外机构投资者境内证券投资渠道整合，积极探索资本账户的双向开放。在重庆自贸试验区率先探索跨境金融、贸易投资领域便利化政策创新，形成可复制、可推广的经验和做法，逐步将便利化试点范围扩大至全市。完善跨境金融场外交易数据收集存储机制，创设交易数据库，进一步整合交易登记、清算结算渠道，逐步搭建全国性的场外金融产品交易登记清算结算系统。

二、探索人民币国际化新途径

拓展人民币跨境应用场景。探索推动人民币可自由使用和资本项目可兑换先行先试，推动贸易项下的人民币业务创新，推动人民币跨境交易规模不断扩大。鼓励企业在与"一带一路"沿线国家和地区对外贸易合作中更多使用人民币，在银行、保险、理财、资管、基金、融资租赁、债券等方面推动以人民币计价的业务创新，推动符合条件的要素市场在跨境大宗商品交易、跨境资产转让中更多采用人民币计价结算。探索推进重庆自贸试验区金融机构与新加坡同业开展以人民币计价的信贷资产、贸易融资资产、同业存单、不良资产等金融资产跨境转让业务。简化"走出去"企业以及东盟企业和个人开立人民币账户手续，推动地方法人银行直接接入人民币跨境支付系统（CIPS），探索基于区块链等新兴技术的跨境人民币支付清算试点，鼓励非银行支付机构探索开立跨境人民币备付金账户。

构建人民币离岸金融体系。深度融入上海国际金融中心离岸金融体系建设，探索在渝打造面向东盟的离岸金融枢纽。创新中新金融产业园建设模式，构建与国内市场隔离的离岸金融市场，鼓励金融机构围绕离岸经贸业务提供人民币离岸金融服务，探索园区内资本自由流入流出和自由兑换，实行宽松、自由、开放的货币兑换和外汇管理制度，研究适应境外投资和离岸金融业务发展的税收政策。探索建立人民币金融衍生品市场，以股票债券、利率汇率、大宗商品等为基础标的，创新开发一批期权、期货、远期、掉期等衍生品，提供风险对冲工具。构建人民币离岸债券市场，在交易持有环节实施税收优惠政策，降低市场准入门槛，建立完善中介服务、路演发行、做市商交易等机制规则，拓宽人民币投资与融资渠道。

扩大境外人民币资产供给。搭建境外人民币境内投资金融产品的渠道和平台，推动境内外金融机构联动合作，持续推进跨境贸易融资、境外项目贷款等境外融资业务，开发并投放面向国际市场的人民币金融产品，扩大境外人民币资管、离岸人民币债券等业务规模。加快人民币海外基金应用，探索更高水平非居民企业与个人的人民币金融服务，探索开展跨国企业集团本外币合一跨境资金池试点，研究合格境外机构投资区域性股权市场，鼓励以人民币参与境内企业股权、债权、大宗商品交易等直接投资，探索个人以人民币形式开展对外直接投资和证券投资。

三、创新跨境资本流动管理

实施更高水平的贸易投融资便利化试点。在跨境直接投资交易环节，按照准入前国民待遇加负面清单模式简化管理，探索扩大外商直接投资、外债和境外上市资本项目外汇收入结汇支付便利化试点范围，开展简化外商直接投资外汇登记试点。探索适应市场需求新形态的跨境投资管理，推动开展合格境外有限合伙人（QFLP）试点。推动符合条件的机构申请合格境内机构投资者（QDII）、人民币合格境内机构投资者（RQDII）业务资格，将合格境内机构投资者主体资格范围扩大至在渝发起设立的投资管理机构以及证券公司、基金管理公司和期货公司等。在全口径跨境融资宏观审慎管理框架下，争取外债管理改革试点政策，开展非金融企业外债登记改革试点，取消企业异地开立外债账户事前核准。探索简化境内企业境外上市管理，支持银行代办境外上市外汇登记。推动符合条件的财务公司、证券公司等非银金融机构依法合规获得结售汇业务资格，开展外汇即期和衍生品交易，鼓励更多机构进入银行间外汇市场交易，探索允许符合条件的个人居民开展外汇保证金交易试点。放宽外商设立投资性公司申请条件，探索外国人才个人外汇收支便利化，便利来渝境外游客小额支付。

四、推进跨境金融业务创新

扩大中新金融合作领域。在中新互联互通项目框架下，探索资金和产品互通机制，创新异地见证开立银行账户业务模式，推进重庆与新加坡征信产品互认，推动重庆法人金融机构在新加坡设立分支机构，争取境外保荐上市、发债等业务牌照资格，并逐步扩大覆盖范围至东盟国家、"一带一路"沿线国家和地区。

专栏7　中新金融合作重点领域

> 扩大中新跨境融资通道。支持在中新互联互通项目框架下，落地国际商业贷款、跨境发债、不动产投资信托、跨境上市等融资项目，复制推广跨境融资经验，辐射带动西部地区企业赴新加坡融资。
> 畅通中新产品互通机制。争取国家在渝试点开展中新理财通、基金通、票据通、债券通等金融业务合作，探索重庆和新加坡金融机构相互代理销售对方合格的理财、资管、基金、保险等金融产品。
> 推进中新合作重点项目。探索设立国际商业银行、合资理财子公司等机构，共同建设中新金融科技示范区，打造金融科技要素集聚高地，开展中新数字货币和电子支付合作研究。
> 扩大中新金融峰会品牌效应。持续提升峰会的品牌影响力，将其打造成为深化金融领域合作机制、政策协商、金融创新、项目对接、交流思想的重要载体。
> 建设中新金融智库。推动重庆金融研究院与新加坡金融研究机构共建合作平台，持续建设中新金融专家顾问团，举办陆海新金融沙龙，为促进渝新两地金融合作提供前瞻性建议。

提升跨境金融服务水平。创新开展跨境发债、跨境投资并购、跨境证券投资、跨境保险资产管理、跨境资金集中运营、跨境再保险和医疗保险等跨境金融服务。支持重庆银行机构成为境外合格投资者投资境内证券期货市场的托管人或结算代理人，向境外金融机构融出中长期资金。创新境内外银行机构以联动风险参贷等方式开展融资租赁应收款保理，支持融资租赁企业通过境外借款、境外发债、资产证券化等方式拓宽融资渠道，探索开展进口大型设备保税租赁，推动根据租期分期缴税。探索境内外征信评级产品实现互认，支持境外评级机构在境内合规开展评级业务。

创新发展跨境金融服务平台。探索建设面向东盟国家、"一带一路"沿线国家和地区的金融资产交易平台，有序引入境外发行人、投资者和国际金融产品，打造境内外金融市场的互联互通枢纽。扩大跨境金融区块链服务平台试点，加大对区域特色场景开发的资金和技术支持，探索对接银行端跨境贸易撮合系统，助力外贸外资企业融资结算，拓展更多支持西部陆海新通道建设的应用场景。探索建立统一的跨境电商金融服务平台。积极落实 RCEP "新金融服务"规则，引入 RCEP 成员国新金融服务，支持本地新金融服务落地 RCEP 成员国。

第六节　优化金融生态体系

适应金融改革和金融开放要求，加快推动金融治理体系和治理能力现代化建设，努力营造稳定、公平、透明的良好金融生态环境。

一、强化金融法治建设

探索推进地方金融立法。结合地方金融监管实际和防范处置金融风险需要，健全地方金融监管法律制度，推动出台《重庆市地方金融条例》。对标国际一流金融法治建设，全面提升金融审判能力，充分发挥金融审判在促进金融服务实体经济、防控金融风险、深化金融改革方面的积极作用。健全金融审判体系，加强金融审判专业化建设，推动设立金融法院。完善网络司法维权机制，探索案件在线审判，实现互联网金融纠纷批量线上审理，提高司法效率。建立金融纠纷非诉调解机制（ADR），探索建立调解与仲裁、诉讼的对接机制以及集体诉讼制度，加强金融消费者和投资者权益保护，引导金融机构建立健全金融消费权益保护机制，落实金融消费权益保护主体责任。

构建国际化的金融法律法规环境。推进金融知识产权保护、金融信息披露等领域的法律制度建设，建立与国际接轨的跨境金融法律服务体系，探索通过司法裁判妥善解决国际贸易中的金融纠纷。积极研究将与跨境金融业务密切相关的东盟国家、"一带一路"沿线国家和地区经典判例作为处理国际贸易纠纷的参考依据，探索设立涉外金融纠纷调解中心。

加强清廉金融教育。依托重点院校建立清廉文化研究平台，建设全国清廉金融教育基地。推动监管部门、金融机构、社团组织和研究院校四方联动，深入开展清廉金融文化建设。强化金融科普教育，推进金融法制普及，以宣传教育助推金融法治化进程。

专栏8　设立重庆金融法院

建设专业化金融法院。充分发挥金融案件集中管辖优势，妥善处理好影响金融市场稳定的重大案件，定期通报与金融改革创新、金融风险防范相关的重要案例，有序规范金融秩序，切实维护金融安全。

提高金融审判专业化水平。高质量审判金融领域疑难复杂案件，统一裁判标准，促进法律统一适用，提高金融审判质效和司法公信力。借鉴上海、北京金融法院经验，凝聚金融机构、行业组织、金融管理部门、司法机关合力，健全金融纠纷多元化解机制，打造国际化金融纠纷解决平台。

依法服务保障金融改革。完善司法政策，引导和规范金融交易，保护金融财富创造，平等保护金融消费者、投资者和金融机构合法权益。加强对科创金融、绿色金融、普惠金融等领域的司法支持保障，依法服务中新互联互通项目金融合作。

二、优化金融信用环境

健全守信联合激励和失信联合惩戒机制。完善信用承诺和信用评价制度，建立信息共享制度，促进信用信息公开披露和信用分类评价，探索建立金融机构评级机制。深化企业破产重整、信用修复等机制建设，加大对金融失信行为惩戒力度，探索发展社会性小微金融业评级机构，推动小额贷款公司、融资性担保公司、典当行等地方金融机构评级。推进公共信用信息开放，加强公共信用信息与金融等市场信用信息融合互动。搭建服务西部陆海新通道的跨地区公共信用信息征集和共享平台，推动跨地区的公共信用信息征集和共享。加强信用信息主体权益保护，提升征信市场有效供给和征信服务水平，切实保障个人信用信息安全。

三、探索国际通行的金融规则

推动金融监管体系对接。以征信记录跨境使用为突破口，参照世界银行、国际货币基金组织、亚洲开发银行等国际机构提供项目信贷的通行做法，制定最低信息披露标准、框架或目录，推动信贷数据信息互联互通，探索合格金融机构牌照和资格"单一通行证"制度。在RCEP框架下，对标全面与进步跨太平洋伙伴关系协定（CPTPP）、中欧全面投资协定

（CAI），探索更高水平的国际经贸投资规则。结合西部陆海新通道发展需求以及东盟国家实际，探索"两国双园"模式，共建中新金融合作产业园，并逐步拓展合作范围，在先行先试区域内探索与东盟国家对等开放金融市场准入的精准措施。探索在国际金融业务拓展、机构市场建设、动产权益抵押、投资者合法权益保护、金融人才流动等方面，建立国际通行的金融规则和风险管理政策。

专栏9　优化金融营商环境

> 提升服务效能。对标世界银行营商环境"获得信贷"评价指标，转变监管部门职能，推动简政放权，加强机构、企业、资金、产品、风险等要素管理，实现金融资源的高效配置。
>
> 完善鼓励扶持政策。加大对中小微企业的信贷支持、产业支持、财政贴息、税费减免、上市奖励等鼓励扶持；健全行业服务政策，提高银行、证券、保险、小贷、担保等机构的服务能力；强化行业监管政策，加强机构行为管理，维护企业发展良好政策环境。
>
> 加强信息化建设。丰富大数据、智能化、网络技术等手段，建设一站式大数据金融服务平台，推广动产担保统一登记公示系统；推行线上服务，通过互联网、手机APP等线上渠道，优化放贷流程，加快流程再造、业务协同、数据共享，实现多渠道联动、全流程在线。
>
> 支持金融产品创新。鼓励金融机构推广信用类贷款产品、创新信贷特色场景、创新担保模式；开展线下服务创新，全面推进民营小微企业首贷续贷中心建设；强化平台合作创新，鼓励税务、社保、公共服务机构与金融机构数据信息共享，为金融机构提供信息支持。

第五章　深入推进金融安全治理

坚持底线思维，增强系统观念，遵循市场化法治化原则，推动金融安全治理体系和治理能力现代化。高度重视互联网金融等新兴领域金融风险点，统筹做好重大金融风险防范化解工作。接续打好防范化解重大金融风险攻坚战，牢牢守住不发生系统性区域性金融风险的底线。

第一节　构建金融风险防范长效机制

完善央地协同监管机制。发挥国务院金融稳定发展委员会办公室地方协调机制作用，加强央地监管数据、监管报告、行业运行和风险情况等方面信息共享，争取中央金融管理部门在渝设立包容审慎的涉外金融创新试错容错机制，提升金融监管的透明度和包容性。配合在渝中央金融管理部门派出机构做好金融重大风险事项、突发事件沟通协调工作，加强重大金融课题研究、金融知识宣传、金融消费者权益保护、执法检查等方面的央地资源整合，提升风险防范的前瞻性、针对性和有效性。

加强金融监管制度化建设。修订完善各类地方金融机构（组织）监管办法实施细则，持续健全地方金融风险防控体系。稳步推进金融纠纷多元化解决机制，建立健全行政执法、行业自律、舆论监督和群众参与的监管制度，同时强化金融知识教育宣传，提高全社会金融安全意识和风险管理能力。完善地方金融审查制度，建立健全地方金融组织信息公示制度，加强对金融机构注册资金、经营场所、股东资质、法人代表和机构风险控制能力的研判。

完善金融风险差异化管理机制。优化小微企业贷款风险分类制度，全面落实授信尽职免责政策，适当提高小微企业的不良贷款容忍度，建立健全敢贷、能贷和愿贷的长效机制。出台乡村振兴金融服务监管措施，引导金融机构合理确定乡村振兴项目不良贷款容忍度。完善网络金融治理机制，巩固 P2P 网贷整治成果，通过法治化、制度化方式接续化解互联网金融遗留问题。

第二节　提升地方金融安全治理能力

完善金融风险管理工具。发挥政府性融资担保体系增信分险作用，探索研究更加合理的银政担风险分担机制，优化风险代偿补偿机制和担保费奖补政策。建立健全地方金融组织退出机制，引导地方金融组织规范发展，对违规机构依法采取监管措施。

提高金融监管数字化水平。争取中央金融管理部门在渝加强金融科技基础设施建设、设立研究院（所）等，引导监管部门、金融机构间通过系统接口共享信息。打造地方金融综合监管信息平台，加强"线上+线下"监测防控体系建设，完善监管数据采集机制，保证监管信息的真实性和时效性。扎实做好金融统计监管数据的生产、报送和分析工作，运用数字化手段完善金融风险图谱，有效监测跨行业、跨市场、跨部门金融活动。

强化金融治理闭环管控。支持在渝中央金融管理部门派出机构履行职责，推动宏观货币政策和审慎监管政策落到实处。督促指导金融机构进一步完善内部治理体系，审慎开展资产风险运用，适度合理控制资产杠杆，推动金融体系稳健运行。提升属地金融风险管控能力，完善地方金融风险处置协调机制，加大对法人金融机构、市属重点企业、地方融资平台等市场主体的金融风险管控与处置力度。提升地方金融监管和风险处置能力，加强地方金融监管力量，强化执法队伍建设。

专栏10 提升地方金融监管水平

> 健全地方金融监管法规。研究制定行业监管细则、指引，健全地方金融监管部门与在渝中央金融管理部门派出机构、市级部门的协同监管机制，完善现场与非现场监管、监管数据治理、消费者权益保护等方面的制度规范和操作细则，构建较为完善的地方金融监管法规体系。
>
> 优化完善金融监管方式。深入推进公司治理和内控建设监管，强化内控合规、董监高人员履职能力、监管评级及分类监管等规制建设。全面落实"双随机、一公开"要求，综合运用风险处置、违规处罚、窗口指导等监管措施，形成立体、丰富、管用的监管"工具箱"。
>
> 打造地方金融综合监管信息平台。运用云计算、大数据、人工智能等高新技术，打造系统对接、信息报送、大数据采集、监测预警等数字化监管工具，覆盖市、区县两级地方金融工作部门、行业协会和全部地方金融机构，为监管提供技术支撑，推进监管方式更多转向事前、事中介入。

第三节 强化金融风险处置和应对能力

强化重点领域金融风险防范。规范整治多层嵌套投资、资金空转等结构复杂金融产品，加强对监管套利、假创新和伪创新的行为监管，严禁资金违规流入股市，违规投向房地产、"两高一剩"等领域。探索个人破产制度，严厉打击恶意逃废金融债权、非法金融活动等严重违法行为。实施好《防范和处置非法集资条例》，将非法集资防范宣传、排查工作纳入社区网格化管理，严厉打击高利贷、非法集资、地下钱庄、非法证券等违法金融活动，做好反假币、反洗钱工作。

持续化解新型金融风险。强化监管科技运用和金融创新风险评估，提升风险识别和监测预警能力，探索建立创新产品纠偏和暂停机制。完善互联网金融领域规章制度，研究制定互联网金融各类创新业务监管规则。健全覆盖金融科技创新的监管框架，强化以合法合规和消费者保护为主的行为监管，严厉打击打着金融科技的旗号从事非法集资、金融诈骗等违法犯罪活动。

探索跨境跨区域金融领域监管。在人民银行的指导下，积极与新加坡等东盟国家开展跨区域监管合作，加强外汇市场宏观审慎框架下的跨境金融风险监测，先行先试流入、流出双向预警监测手段。加强对跨境金融业务数据的保护，研究建立风险事前评估、业务管理评价、风险对冲机制。探索互联网跨境资金流动风险监管，防范非法资金通过线上方式跨境、跨区域流动。

第六章　实施保障

第一节　加强组织领导

　　加强党对金融工作的集中统一领导，深入贯彻落实国家在金融领域的重大方针政策、战略规划和重大改革开放举措。加强中央和地方金融监管协作，争取国家层面对重庆金融改革发展给予更大支持。充分发挥市金融工作领导小组作用，统一谋划、协调和实施各项建设工作，一体化推进惩治金融腐败和防控金融风险。统筹推进金融核心区建设，加强区县在金融机构、项目引进布局的协调合作，减少过度竞争。各区县党委定期研究金融重大问题，部署推进地方金融发展与稳定的各项工作，区县金融工作部门每年向党委汇报工作。推动党的领导融入金融机构治理各环节，发挥好党委（党组）领导核心作用，理顺地方金融机构党组织隶属关系，层层落实责任，推动党建和金融业务相互融合促进。

第二节　优化政策支持

　　进一步强化市、区县财政支持金融发展的政策举措，强化协调联动，保持财政扶持力度与经济社会发展水平相适应。进一步优化完善地方国有资本在金融领域布局，深化市属地方国有金融企业改革，健全涵盖绩效评价、考核激励、内部治理等方面的现代金融企业制度；结合国家改革要求和地方实际，统筹推进金融控股集团设立等重大改革举措。加大地方金融专项资金投入，支持金融中心建设发展。出台完善支持创投的政策体系，大力培育天使投资人群体。完善创新型金融机构办公用房、规划用地政策，落实政策性保险保费补贴政策，推动各类创新型金融机构做大做强。市金融监管局牵头建立金融机构支持地方经济社会发展重点领域和薄弱环节的激励评价机制。

第三节　推动人才建设

　　用好用活各类人才政策和平台，吸引国内外各层次金融人才来渝发展。用好重庆英才计划以及重庆英才大会、中新金融峰会、重庆国际创投大会等政策和平台，大力培育和引进具有国际视野和国际影响力的高端金融人才，争取将重庆金融人才纳入国家人才计划。以高校集群为基础，建设重庆"人才孵化器"，建立以企业为主体，以高校和科研院所为依托的产学研合作模式。打造高端财经智库，建立国际金融专家顾问团，汇集金融领域专家资源，助力重庆金融改革发展。加强跨境金融人才培训交流，积极探索在重庆自贸试验区范围内建立新加坡等东盟国家国际金融人才港。建立金融人才信息系统和金融专家库，记录、存储、分析全市金融人才信息，为金融管理部门和金融机构开展人才引进、培养、评选工作提供基础支撑。

专栏 11 加快金融人才队伍建设

> 实施金融人才集聚项目。持续做好重庆英才计划金融类人才评选、"鸿雁计划"金融业人才评选、重庆英才集聚工程等市级重点人才项目。用好重庆英才大会、中新金融峰会、重庆国际创投大会、中国国际智能产业博览会等平台，引进具有国际视野和国际竞争力的高端金融人才。支持我市金融人才申报国家级人才计划，培养国内外知名金融行业专家。发挥人才领头雁作用，带动团队发展，加速金融人才集聚，积极营造"近悦远来"的金融人才发展环境，建设与重庆金融业发展相匹配的金融人才队伍。
>
> 制定金融人才分类标准。以金融行业认可和市场价值贡献为依据，整合优化我市金融领域高层次人才分类标准。
>
> 打造金融智库。完善优化金融人才信息系统，持续归集全市金融人才和全国金融专家信息。构建金融业人才库和专家库，为重庆金融业发展提供智力支持。
>
> 建设金融人才平台。推动市、区县两级金融人才孵化平台建设，支持人才孵化平台发展壮大。支持在渝金融机构设立博士后科研工作站，创新体制机制，用好用活市级人才政策，确保高层次金融人才引得来、留得住、用得好。
>
> 培养培训各层次金融人才。发挥市内高校人才培养主战场作用，支持本硕博金融专业学科建设，引导金融专业毕业生在渝就业。加大专业化金融教育服务机构、权威认证金融培训机构的引进，增强社会培训力量，加强金融机构在职人员和金融监管人才培训。推动成渝地区双城经济圈金融人才协同发展，打造成渝两地金融人才自由流动新格局。

第四节 强化督促落实

加强规划实施的组织协调、工作指导和督促落实，强化各级各部门年度重点工作与规划衔接。围绕重点任务和关键领域环节，建立科学实用的金融监测指标体系，完善科学反映金融业发展水平的指标体系。定期跟踪落实情况、开展评估分析，及时研究解决规划实施中遇到的新情况新问题。根据经济金融形势变化和规划实施情况，对规划目标进行必要的动态调整，确保规划实施科学有效。

附录 B　重庆市人民政府关于加快建立健全绿色低碳循环经济体系的实施意见

各区县（自治县）人民政府，市政府各部门，有关单位：

为认真贯彻落实《国务院关于加快建立健全绿色低碳循环发展经济体系的指导意见》（国发〔2021〕4号）精神，结合我市实际，现就加快建立健全绿色低碳循环发展经济体系提出如下实施意见。

一、总体要求

（一）指导思想。深入贯彻习近平生态文明思想和习近平总书记对重庆提出的营造良好政治生态，坚持"两点"定位、"两地""两高"目标、发挥"三个作用"和推动成渝地区双城经济圈建设等重要指示要求，完整、准确、全面贯彻新发展理念，坚持重点突破、创新引领、稳中求进、市场导向，全方位全过程推行绿色规划、绿色设计、绿色投资、绿色建设、绿色生产、绿色流通、绿色生活、绿色消费，统筹推进高质量发展和高水平保护，建立健全绿色低碳循环发展的经济体系，确保如期实现碳达峰碳中和目标。

（二）主要目标。到2025年，全市战略性新兴产业、高技术产业占规模以上工业总产值比重分别提高至35%、32%，数字经济增加值占地区生产总值比重达到35%，非化石能源消费占一次能源比例达到23%，大宗工业固体废物资源化利用率达到70%，森林覆盖率达到57%，空气质量优良天数比例稳定保持在88%以上，完成国家下达的单位GDP能耗和二氧化碳排放下降率目标任务，市场导向的绿色技术创新体系更加完善，法规政策体系更加有效，绿色低碳循环发展的生产体系、流通体系、消费体系初步形成。到2035年，绿色发展内生动力显著增强，绿色产业规模迈上新台阶，重点行业、重点产品能源资源利用效率达到国际或国内先进水平，广泛形成绿色生产生活方式，碳排放达峰后稳中有降，生态环境根本好转，山清水秀美丽之地基本建成。

二、重点任务

（一）健全绿色低碳循环发展的生产体系。

1. 推进工业绿色升级。强化产业准入和落后产能退出，坚决遏制"两高"项目盲目发展。加快实施重点行业绿色化改造。推行产品绿色设计，建设绿色制造体系，创建一批绿色工厂、绿色园区。推动再制造产业发展，积极开展再制造产品认证。加快建设资源综合利用项目，提升工业固体废物综合利用能力。全面推行清洁生产，依法在"双超双有高耗能"行业实施强制性清洁生产审核。深化"散乱污"企业整治。探索排污许可监管、监察、监测联动，实行固定污染源排污许可证"全覆盖"。加强工业生产过程中的危险废物管理，鼓励资源化综合利用危险废物。

2. 加快农业绿色发展。大力发展现代山地特色高效农业，鼓励发展生态种植、生态养殖。加强绿色食品、有机农产品认证和管理，到 2025 年，全市"两品一标"认证产品达到 3 000 个。发展生态循环农业，到 2025 年，全市畜禽粪污资源化利用率达到 80%，化肥农药使用量减少 1%，农作物秸秆综合利用率达到 90%，农膜回收率达到 90%。实施耕地"数量—质量—生态"三位一体保护与提升，推进退化耕地综合治理。发展林业循环经济，创建一批国家森林生态标志产品和生产基地。加快建设高标准农田，持续推进灌区节水改造，推广高效节水技术。完善禁渔管理长效机制，推行水产健康养殖，依法加强水域滩涂禁养区、限养区、养殖区管理。因地制宜发展休闲农业、乡村旅游、气候经济和山上经济、水中经济、林下经济。

3. 提高服务业绿色发展水平。培育壮大绿色商场、绿色饭店等绿色流通主体。有序发展出行、住宿等领域共享经济，规范发展闲置资源交易。加快信息服务业绿色转型，做好大中型数据中心、网络机房绿色建设和改造。制定绿色低碳会展地方标准，推广应用节能降耗新材料、新技术，鼓励办展设施循环利用。推动汽修、装修装饰等行业使用低挥发性有机物含量原辅材料。制定发布一次性用品目录，倡导酒店、餐饮等服务单位不主动提供一次性用品。

4. 壮大绿色环保产业。推动重庆经开区建设国家绿色产业示范基地。壮大绿色产业市场主体，鼓励设立混合所有制集团公司，培育一批引领型龙头企业、专业化骨干企业、"专精特新"中小企业，打造一批绿色产业集群。推广合同能源管理、合同节水管理等商业模式，鼓励公共机构推行能源托管服务。培育发展节能医生、环境管家、全过程绿色咨询等新业态。开展产业园区污染防治第三方治理示范试点，建立健全"污染者付费+第三方治理"机制。探索开展生态环境导向的开发模式（EOD模式）试点。

5. 提升产业园区和产业集群循环化水平。科学编制新建产业园区开发建设规划，依法依规开展规划环境影响评价和区域节能评价，严格准入标准，完善循环产业链条，推动形成产业循环耦合。推进既有产业园区和产业集群循环化改造，推动企业循环式生产、产业循环式组合，搭建能源互济、资源共享、废物协同处置的公共平台，促进能源梯级利用、水资源循环利用、资源综合利用。支持工业园区配套建设危险废物集中收集贮存、预处理和末端处置设施。

6. 构建绿色供应链。引导龙头企业推动产业上下游协同提升资源利用效率，建立以资源节约、环境友好为导向的设计、采购、生产、营销、回收及物流体系，推动产品全生命周期管理，实现链上企业绿色化发展目标。在汽车、电子电器、通信、机械、大型成套装备等行业中选择一批代表性强、行业影响力大、经营实力雄厚、管理水平高的龙头企业，推动绿色供应链管理企业建设，积极申报国家绿色供应链试点。

（二）健全绿色低碳循环发展的流通体系。

7. 打造绿色物流。加快绿色物流通道建设，着力提升铁路货运能力和长江黄金水道能级。优化运输组织模式，加快推进大宗货物"公转铁""公转水"，鼓励"散改集"和中长距离公路货物运输向铁路转移，构建公铁联运城市配送体系。加强物流运输组织管理，加快搭建重庆市物流信息平台体系，大力发展智慧物流。鼓励开展"邮快合作""快快合作""交快合作"等，发展甩挂运输、共同配送。加快推进城市公交、出租、港口作业、物流配送等领域新能源及清洁能源车辆推广应用。加大推广绿色船舶示范应用力度，全面推进港口岸电设施改造和常态化使用。推动江北国际机场APU（飞机辅助动力装置）替代设施"应用尽用"。

8. 加强再生资源回收利用。完善废旧物资回收循环利用体系，加强废纸、废塑料、废旧轮胎、废金属、废玻璃等再生资源回收利用，提升资源产出率和回收利用率，推进垃圾分类回收与再生资源回收"两网融合"。以电子电器、汽车行业为重点，加快落实生产者责任延伸制度，引导生产企业建立逆向物流回收体系。依托市内家电拆解企业及再生资源回收利用网点等市场主体，完善废旧家电回收网络体系。探索"互联网+"资源回收新模式新业态。

9. 建立绿色贸易体系。积极优化我市贸易结构，引导企业大力发展高质量、高附加值的数字产品、高新技术产品、成套设备、高端装备和关键零部件、绿色农副产品等绿色产品贸易，从严控制高污染、高耗能产品出口。积极引导重点企业、科研机构主导或参与绿色低碳循环相关国际标准制（修）订，支持企业开展绿色认证，加强国际互认。深化绿色"一带一路"合作，引导企业积极对接节能环保、清洁能源等领域技术装备和服务合作。

（三）健全绿色低碳循环发展的消费体系。

10. 促进绿色产品消费。严格执行政府绿色产品优先采购和强制采购，引导国有企业开展绿色采购，逐步扩大绿色产品采购范围。加大绿色消费宣传力度，鼓励有条件的区县（自治县，以下简称区县）采取补贴、积分奖励、发放消费券等方式，引导企业和个人选购绿色产品。鼓励电商企业设立绿色产品销售专区。推广绿色电力证书交易，引领提升绿色电力消费。加强绿色产品和服务认证管理，开展能效、水效、环境标识、电子电器产品监督检查，严厉打击虚标绿色产品行为，并将有关行政处罚等信息纳入国家企业信用信息公示系统（重庆）。

11. 倡导绿色低碳生活方式。深入推进"光盘行动"，坚决制止餐饮浪费行为。深入实施生活垃圾分类三年行动计划，扎实推进生活垃圾分类和减量化、资源化。严格落实生产、销售、使用和回收环节有关规定，强化塑料污染全链条治理。严格执行限制商品过度包装强制性标准，强化过度包装计量检查和治理，督促寄递企业采购绿色快递包装产品。推动轨道交通无缝接驳，鼓励发展定制公交、社区公交等多层次公交服务模式，引导公众绿色出行。深入开展爱国卫生运动，深化卫生城镇创建，营造干净整洁舒适的宜居环境。深化重点领域绿色生活创建活动。

（四）加快基础设施绿色升级。

12. 推动能源体系绿色低碳转型。坚持节能优先，严格落实能源消费总量和强度双控制度。因地制宜加快市内新能源开发，力争"十四五"期间全市新增新能源装机150万千瓦以上。加快推进綦江蟠龙、丰都栗子湾等抽水蓄能项目建设和新一轮中长期抽蓄需求选址论证。增加农村清洁能源供给，推动农村分布式光伏、生物质能源发展。促进燃煤清洁高效开发转化利用，提升大容量、高参数、低污染电机组占煤电装机比例。严控新增煤电装机容量，原则上不再新增大型燃煤火电项目。有序推动燃煤自备电厂和热电联产机组"以气代煤"。加快城市配电网建设，持续实施农网巩固提升工程。建设铜锣峡、黄草峡等地下储气库，强化国家干网、市域管网、储气调峰设施、城镇燃气配网的互联互通，形成全市天然气"一张网"。在重点行业积极开展二氧化碳捕集、利用和封存试验示范。

13. 推进城镇环境基础设施建设升级。推进城镇污水管网全覆盖，推进城镇污水处理及资源化利用设施、污泥无害化资源化处置设施建设，推动排水"厂网一体"管理机制改革。加快城镇生活垃圾分类及处理设施建设，推进生活垃圾焚烧发电，补齐餐厨垃圾资源化利用和无害化处理能力短板。到2025年，生活垃圾产生量超过300吨/日的区县基本实现原生生活垃圾零填埋。加快推进危险废物处理设施、医疗废物应急处理设施建设。"十四五"期间，新增危险废物利用处置能力3万吨，新建12个医疗废物处置设施，建成重庆固体废物大数据平台，提升信息化、智能化监管水平。建立健全危险废物经营许可管理制度。

14. 提升交通基础设施绿色发展水平。将生态环保理念贯穿交通基础设施规划、建设、运营和维护全过程，提升港口岸线、铁路、公路和城市交通集约水平和利用效率。积极创建绿色公路、绿色客运枢纽、绿色港口、绿色航道，开展交通绿色廊道行动。加快中心城区公共充电站建设。"十四五"期间，新建充电桩超过3万个。在高速公路、普通国省干线公路积极推广应用沥青冷（热）再生、水泥路面破碎再生等技术，铺设透水性路面、降噪型路面。到2025年，高速公路废旧路面材料循环利用率达到100%。

15. 改善城乡人居环境。编制市、区（县）国土空间总体（分区）规划，统筹城市发展和安全，合理确定开发强度，鼓励城市留白增绿，增强城市防洪排涝能力。开展山城公园、山城步道等山城系列品牌建设，争创国家生态园林城市、国家"美丽城市"。提升既有建筑能效水平，推动新建民用建筑全面执行绿色建筑标准。到2025年，全市城镇绿色建筑占新建建筑比例达到70%。实施农村人居环境整治提升五年行动。"十四五"期间，巩固1 000个、新建1 000个美丽宜居乡村。

（五）构建市场导向的绿色技术创新体系。

16. 鼓励绿色低碳技术研发。依托行业优势龙头企业、高校、科研机构、产业协会（联盟），支持碳捕集利用和封存、环境保护、环境治理、节能减排、智能制造、绿色农业等绿色低碳循环发展关键核心技术研发与应用。与四川省联合创建绿色技术创新中心和绿色工程研究中心。有序推进绿色低碳循环发展相关重点实验室、技术创新中心等市级创新平台建设。

17. 加速科技成果转化。将绿色环保产品列入首台（套）重大技术装备政策支持范围。推动设立重庆市成果转化股权投资基金，强化创业投资等各类基金引导，支持绿色技术创新成果转化应用。支持企业、高校、科研机构等建立绿色技术创新项目孵化器、创新创业基地。组织申报国家绿色技术推广目录和国家重大环保装备技术名录，加快先进成熟技术推广应用。鼓励市内企业、高校、科研机构积极参与绿色技术交易。

（六）完善法规政策体系。

18. 强化法律法规支撑和执法监督。推进完善生态环境保护修复、污染防治、循环经济、清洁生产、资源能源高效利用、应对气候变化、环境信息公开等方面的法规规章。深化生态环境领域行政执法体制改革，严惩污染环境，破坏森林资源、矿产资源、土地资源、渔业资源等违法犯罪活动。全面落实生态环境损害赔偿制度，加大环境污染、生态破坏者法律追责力度。完善行政执法与刑事司法衔接机制，健全行政执法机关、公安机关、检察机关、审判机关信息共享、案情通报、联合调查、案件移送等制度。

19. 健全绿色收费价格机制。完善城镇污水处理收费政策，按照"污染付费、公平负担、补偿成本、合理盈利"的原则，动态调整收费标准。到2025年，逐步将收费标准动态调整至补偿成本的水平。探索建立污水排放差别化收费机制，促进企业污水预处理和污染物减排。按照"产生者付费"和"激励约束并重"原则，完善生活垃圾处置收费机制，逐步推行分类计价、计量收费的差别化收费政策。全面落实节能环保电价政策，推进农业水价综合改革和非居民用水超定额累进加价，落实居民阶梯电价、气价、水价制度。

20. 加大财税扶持力度。用好财政资金，大力支持环境基础设施、能源高效利用、资源循环利用、碳达峰碳中和等相关重点工程建设。继续落实好国家节能节水环保、资源综合利用、合同能源管理、环境污染第三方治理等税收优惠政策，积极推进税收共治，确保政策应享尽享。做好环境保护税和资源税征收工作。按照国家统一部署推进水资源费改税工作。

21. 大力发展绿色金融。创建国家绿色金融改革试验区，持续引导重庆金融业支持绿色低碳循环发展。积极开展绿色信贷绩效考核评价，将结果纳入央行金融机构评级等人民银行政策和审慎管理工具。引导银行保险机构加强产品服务创新，加大绿色信贷投放力度，有序推进绿色保险。支持符合条件的绿色产业企业上市，推动发行绿色债券。推进应对气候变化投融资试点，选择有条件的区县逐步开展零碳示范园或零碳示范项目建设。推动中欧绿色金融标准研究和实践。

22. 完善绿色统计标准体系。鼓励重点企业、社会团体、科研机构积极参与国家、本市和行业绿色标准制（修）订工作，完善绿色低碳循环发展地方标准体系。积极引导本地认证机构申请绿色建材等绿色认证资质。执行能源消费等相关统计调查制度和标准，强化统计信息共享。

23. 培育绿色交易市场机制。进一步完善排污权交易制度，促进排污单位主动减排。修订《重庆市碳排放权交易管理暂行办法》，筹划碳市场扩容相关工作。探索建立"碳汇+"生态产品价值实现机制。积极参与全国用能权、用水权市场交易。

三、保障措施

（一）加强统筹协调。充分发挥市碳达峰碳中和工作领导小组、应对气候变化工作领导小组、节能减排工作领导小组作用，做好"十四五"时期阶段性目标任务和各年度重点工作计划安排，强化统筹协调和督促指导。市级有关部门、各区县政府要加强协同配合、横向纵向衔接，形成工作合力。

（二）抓好贯彻落实。市级有关部门和单位要按照职责分工，对标对表国家及我市重点任务清单，主动加强与国家相关部委的汇报衔接，及时跟踪国家相关法规、标准、政策的制定进展情况，做好我市贯彻落实工作，加快建立健全我市绿色低碳循环发展经济体系。各区县政府要在抓落实上投入更大精力，确保政策措施落到实处。

（三）强化宣传引导。通过多种渠道和方式，大力宣传推广绿色低碳循环发展理念，积极宣传先进典型，适时曝光破坏生态、污染环境、严重浪费资源和违规盲目发展高耗能、高排放项目等方面的负面典型，凝聚社会共识，营造良好氛围。

重庆市人民政府

2021 年 10 月 11 日

后 记

经过数月的努力，笔者终于完成了《低碳经济背景下重庆外贸转型升级路径研究》这部书稿的撰写。在此过程中，笔者查阅了大量资料，也和不少领导、专家和同仁进行过交流，深入了解了低碳经济的内涵、特点及其对外贸发展的影响，分析了重庆外贸的现状和存在的问题，探讨了重庆外贸转型升级的路径和策略。在此，对所有给予我支持和帮助的领导、专家和同仁表示诚挚的敬意和感谢。

低碳经济作为一种全新的经济发展模式，旨在实现经济增长与环境保护的协调发展。低碳经济已经成为世界各国共同关注的焦点。在全球气候变化和环境问题日益严重的背景下，面对国内外经济形势的深刻变化，重庆作为中国西部地区的重要门户城市，其外贸发展如何实现转型升级，个中问题探究起来，既山重水复有难度，又柳暗花明有意义。

本书从理论层面做了较为系统的梳理和探讨，剖析了低碳经济给重庆对外贸易发展带来的机遇和挑战；同时，从实践层面做了切实的对比和分析，提出了适应低碳经济发展要求，加快外贸转型升级的六条路径。在实际生活中，重庆外贸发展面对低碳经济背景提出的新的课题还会有很多很多。重庆外贸未来向低碳化发展可能遇到许多制约因素，需要重庆政府及相关企业家们及早研判、及早应对。

期望本书的研究能为重庆未来对外贸易政策的制定和进一步扩大开放、促进增长提供一点参考，为我国中西部地区在低碳经济背景下外贸发展转型升级提供一点借鉴和启示。

胡伟辉

2023 年 12 月

N